Küchen der Welt: International

WEIN
IN KÜCHE UND KELLER

Reinhardt Hess

Geschichte des Weins, wie Wein entsteht, Wein genießen, Rezepte mit Wein, Weinbauländer und ihre Spezialitäten, die besten Winzer der Welt, die besten Jahrgänge

BRAUD

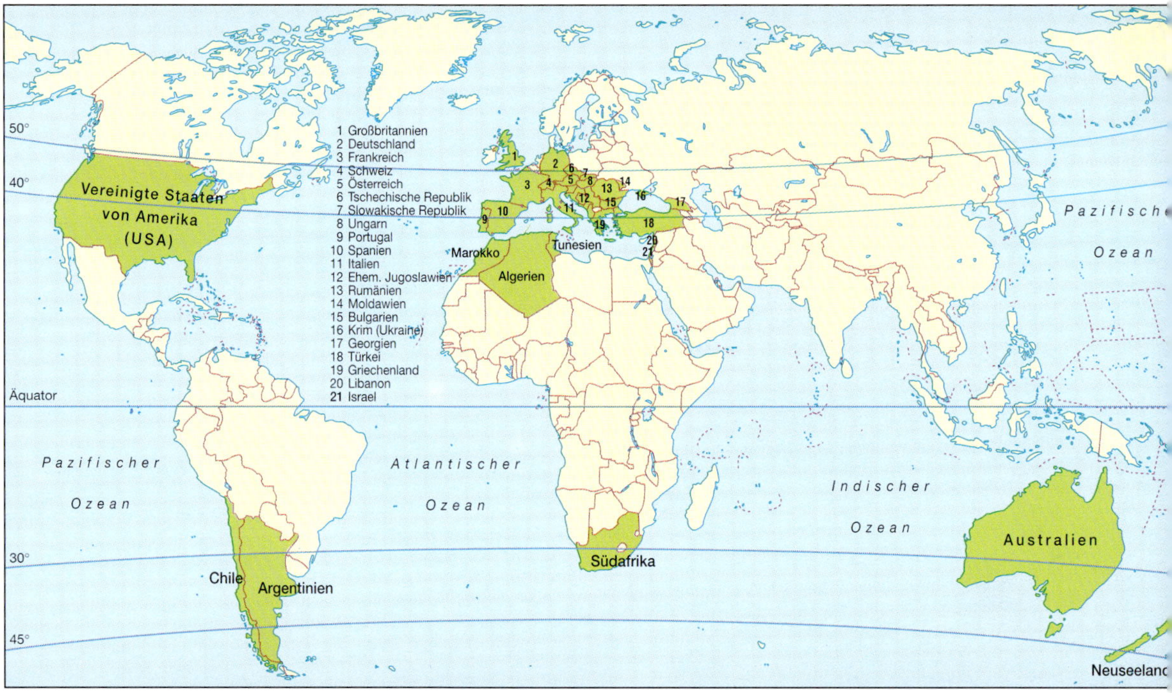
1 Großbritannien
2 Deutschland
3 Frankreich
4 Schweiz
5 Österreich
6 Tschechische Republik
7 Slowakische Republik
8 Ungarn
9 Portugal
10 Spanien
11 Italien
12 Ehem. Jugoslawien
13 Rumänien
14 Moldawien
15 Bulgarien
16 Krim (Ukraine)
17 Georgien
18 Türkei
19 Griechenland
20 Libanon
21 Israel
Vereinigte Staaten von Amerika (USA)
Marokko
Algerien
Tunesien
Chile
Argentinien
Südafrika
Australien
Neuseeland
Pazifischer Ozean
Atlantischer Ozean
Indischer Ozean
Äquator
50°
40°
30°
45°

INHALT

WEINE: ERLEBEN UND GENIESSEN

Wein ist etwas Geheimnisvolles. Süßer Traubensaft wird auf seltsamem Wege zu einem herben, alkoholhaltigen Getränk, das einen ganz anderen Geschmack und andere Inhaltsstoffe hat als das Ausgangsprodukt. Der Prozeß der Gärung und der Reifung war schon lange vor der Zeit des Alten Testaments bekannt und beschäftigte schon immer die Weinbauern genauso wie die Priester. Vielleicht hat diese lange Geschichte dazu geführt, daß für viele der Wein ein kompliziertes Getränk ist, das besonderen Gelegenheiten vorbehalten sein sollte. Doch in allen Weinbaugebieten der Welt wird täglich Wein getrunken, er gehört zum Alltag wie zum Essen, zur Entspannung wie zur Freude. Und Weinwissen erwirbt man sich bekanntlich nicht an Universitäten, sondern beim Trinken und Probieren. Am besten dort, wo der Wein wächst.

Deshalb führt diese Weinreise rund um die Welt zu allen großen und kleinen Weinbaugebieten. Von den kühlen Regionen des Nordens, wo der Riesling seine besten Eigenschaften entfaltet, über die heißen Gebiete, in denen der Rotwein eine wichtige Rolle spielt, bis in die Weinbaugebiete auf der Südhalbkugel, beispielsweise nach Australien und Neuseeland. Jedes Gebiet hat seine großen und kleinen Weinspezialitäten, die es zu entdecken gilt. Weinstuben, Bars und Bistros, Vinotheken und Enotecas, Straußwirtschaften und Wiener Beisln laden ein, die Weine der Region kennenzulernen.
Weine probieren ist die eine Seite, etwas mehr über Wein zu erfahren die andere. Wie die Trauben wachsen, wie aus den Beeren ein fertiger Wein wird, wie Wein fachgerecht zu probieren ist, wie ein Weinkeller eingerichtet werden kann und welche Weine zu welchen Gerichten passen, sind Themen, die weiterhelfen. Ebenso die Tips, worauf Sie beim Weinkauf achten sollten, damit Sie zu Hause nicht enttäuscht sind. Das Etikett verrät vieles – wenn man es zu lesen versteht. Ausführlich wird auch erläutert, wie Sie schon an der Form der Flasche erkennen, welchen Wein Sie darin erwarten können und welche Gläserform gerade für diesen Wein geeignet ist. Genauso gehört es zur Weinpraxis, den Wein mit der richtigen Temperatur zu servieren, den Korken fachgerecht herauszuziehen und die Gläser perfekt zu füllen.
Wein und Essen sind klassische Partner. In der Küche gibt Wein Suppen, Fischen, Fleisch und Desserts die feine Würze. Bei Tisch läßt er ein einfaches Essen zum Festmahl werden und macht ein nobles Menü noch edler. Deshalb finden Sie in diesem Buch auch sehr viele Rezepte.
So können Sie sofort selber ausprobieren, was in Weinbaugebieten zum Wein gegessen wird, welche kleinen Gerichte zu geselligen Weinproben passen und welche Länderspezialitäten mit Wein zubereitet werden. Denn jede Region, in der Wein angebaut wird, verwendet ihn auch zum Kochen. Ob es in Weißwein gedünsteter Fisch ist, in Rotwein mariniertes Fleisch oder die berühmten Weinschaumsaucen. Alle Originalrezepte können auch von Ungeübten leicht nachgekocht werden, Informationen und Tips runden die Rezepte ab.
Am Ende des Buches finden Sie die besten Weinadressen und ein Weinlexikon zum Nachschlagen, in dem wichtige Begriffe erläutert sind.
Denken Sie bei aller Theorie immer daran: Wein dient letztlich nur einem Zweck – früher oder später soll er getrunken werden. Auf Ihr Wohl!

VON REBEN, TRAUBEN UND WEIN

Den ersten Wein tranken vielleicht schon Steinzeitmenschen, die in den wildrebenreichen Flußtälern Vorderasiens lebten. Die Stammform der heutigen Weinreben, die Waldrebe Vitis silvestris, wuchs damals in ganz Südeuropa bis Kleinasien und zum Hindukusch und in einem Teil Mitteleuropas. Die ältesten, etwa 10.000 Jahre alten Traubenpressen zur Weinbereitung fand man in Syrien und auf Kreta. Ägypter, Phönizier und Griechen kelterten Jahrtausende vor unserer Zeit einen Wein aus kultivierten Traubensorten, die sich von unseren heutigen kaum unterschieden. Die ausgegorenen Weine wurden in große Tongefäße, die Amphoren, gefüllt, der Inhalt durch ein Siegel am Henkel gekennzeichnet. Die Öffnungen wurden luftdicht verschlossen und die Gefäße in kühlen Kellern oder im Boden vergraben aufbewahrt. In der Bibel, die von Moses als dem ersten Winzer erzählt, bis hin zum Letzten Abendmahl, mit dem Jesus Brot und Wein zu den zentralen Symbolen des Christentums erhob, wird unzählige Male der Wein erwähnt. Darin spiegelt sich die außergewöhnliche Verehrung des Weins als ein anregendes, lebenspendendes und lebenserhaltendes Getränk.

Mit den Römern verbreitete sich der Weinbau im Norden Europas. Ein Grabstein in Trier zeigt, wie die Römer ihren Wein auf Schiffen rheinaufwärts transportierten.

Aus Tonkelchen, hier eine Nachbildung, tranken die Römer ihren Wein.

Ein Gott für den Wein

Die alten Griechen hatten mit Dionysos, dem Feuergeborenen, einen eigenen Weingott. Sie waren Experten in der Weinbereitung, und die Ägäischen Inseln trieben lebhaften Handel mit weingefüllten Amphoren. Der berühmteste Arzt des Altertums, Hippokrates, der um 460 bis 370 vor Christus lebte, stammte von der Sporadeninsel Kos, weithin bekannt für ihre Weine. So ist es nicht verwunderlich, daß er Wein als Heilmittel gegen Fieber und Infektionen einsetzte und ihn als Kräftigungs- und Vorbeugungsmedizin schätzte.
Die reichen Bürger von Athen machten den Weingenuß zu einem besonderen Ereignis, dem Symposion. Nach einem Festmahl wurde ein Symposiarchos als Leiter gewählt, der zu entscheiden hatte, was und wie nun getrunken werden sollte und wie die Anwesenden zu unterhalten seien. Auch Trinklieder waren bei einem solchen Symposion schon an der Tagesordnung.

Zwar wurde Griechenland unter Kaiser Augustus von den Römern als Provinz Achaia vereinnahmt, aber die griechische Kultur und Lebensart galt den Bürgern Roms als Vorbild. So übernahmen sie auch den Weingott und nannten ihn Bacchus. Den Weinbau selbst hatten bereits viel früher griechische Einwanderer mitgebracht, die ihn im 6. Jahrhundert vor Christus auch in Frankreich einführten, wo er sich rasch im Süden und Westen bis nach Spanien ausbreitete. Wohlhabende Bürger des alten Roms tranken teure Weine aus den Albaner Bergen oder den berühmten Falerner, vom Weinfeld Ager Falernus im Nordwesten Kampaniens, der als »kräftig, kühn und feurig« beschrieben wurde. Es gibt ihn heute noch als Falerno. Auch das Kochen mit Wein war bekannt und beliebt. Überhaupt stand die Kochkunst hoch im Kurs, und die Erfindung eines neuen Rezeptes wurde wie ein Sieg gefeiert. Ein Beispiel dieser Kochkunst zeigt das Pastetenrezept nach Apicius (S. 12).
Mit den nach Norden vorstoßenden römischen Legionen verbreitete sich die Kunst der Rebkultur und des Weinbaus. Es wurden neue Rebsorten eingeführt, obwohl die heute bekannten Sorten wie Blauer Burgunder, Cabernet, Chardonnay und Riesling wohl schon damals in den französischen und rheinischen Gebieten heimisch waren. Bereits im 2. Jahrhundert nach Christus wurde am Rhein, an Mosel und Ahr intensiver Weinbau betrieben. Diese Entwicklung förderte Karl der Große, der Mustergüter anlegen ließ. Er forderte, daß jedes Weingut drei Straußwirtschaften zu führen und durch das Aushängen von Sträußen oder Kränzen zu kennzeichnen hatte.

Wesentlich beteiligt an der Ausbreitung des Weinbaus waren die Klöster, in denen bei jeder Messe und jedem Heiligen Abendmahl das »Blut Christi« eine wichtige Rolle spielte. Dort wurde Wein auch zur Labung der Armen und Stärkung der Kranken ausgeschenkt. Als Vermittler der Kultur, der christlichen Lehre und der Wissenschaften förderten die Klöster den Weinbau in Oberitalien, Frankreich und Deutschland bis weit nach Osteuropa. Die Namen vieler Weinberge erinnern noch heute an ihren Ursprung: Jesuitengarten, Klostergarten oder Mönchberg. Bei Bingen, seit dem 5. Jahrhundert Weinmetropole im rheinhessischen Weindreieck, wirkte die Benediktiner-Äbtissin Hildegard von Bingen (1098 – 1179) und pries den Wein als Heilmittel. Zu dieser Zeit brachten Mönche die Rebkultur nach Sachsen, 100 Jahre später nach Thüringen und Brandenburg. Im 15. Jahrhundert gab es mehr Weinberge und wurde mehr Wein getrunken als je zuvor und danach. Bier war zu dieser Zeit nur kurz lagerfähig, Wasser oft gesundheitsgefährdend, so daß man auf Wein auswich. Allerdings waren die Weine eher dünn und sauer, so daß sie oft heiß und stark gesüßt getrunken wurden – also als Glühwein. Im 17. Jahrhundert beschränkte sich der Anbau wieder auf die geeigneten Regionen und bis zum Ende des 18. Jahrhunderts hatte sich die Kellerwirtschaft gut entwickelt. Die Winzer kannten den Einfluß der Edelfäule und der späten Traubenlese. Die Weine wurden nicht mehr in Fässern gelagert, sondern in Glasflaschen gefüllt und mit Korken luftdicht verschlossen, mit der Schwefelung der Fässer konnte dem Verderb des Weines entgegengewirkt werden.

Noch gut erhalten ist eine alte römische Weinpresse in Vathypetro auf der griechischen Insel Kreta.

Die Reblaus: die größte Katastrophe für den Weinbau

Mit der Entdeckung Amerikas begann der Weinbau in der Neuen Welt. In Südamerika legten die Spanier im 16. Jahrhundert die ersten Weinberge an, es folgten Südafrika und im 19. Jahrhundert Kalifornien und Australien. Doch dann begann die größte Katastrophe des Weinbaus. Die Reblaus, die in den östlichen Gebieten von Nordamerika lebte, breitete sich aus. Um 1860 wurde sie mit amerikanischen Reben nach Frankreich eingeschleppt und verbreitete sich in kurzer Zeit in ganz Europa. Der Schädling, der die Rebwurzeln befällt und den ganzen Stock zum Absterben bringt, war nicht zu bremsen. Mit infizierten Stecklingen wurde die Laus nach Australien, Kalifornien und Südafrika verschleppt, das Ende des Weinbaus schien gekommen. Erst als man herausfand, daß die Wurzeln der amerikanischen Reben von Natur aus immun gegen die Reblaus sind, war Rettung in Sicht. Die verseuchten Weinberge wurden gerodet, amerikanische Stecklinge gepflanzt und mit europäischen Reben veredelt. Die reblausresistenten Rebstöcke selbst tragen nur eigenartig schmeckende Trauben.

Da die Reblaus nur europäische Rebwurzeln befällt, werden europäische Edelreiser auf reblausresistente amerikanische Wurzeln gepfropft.

Pastete nach Apicius

Braucht etwas Zeit

Geschichtete Pastete mit Geflügelfüllung

Zutaten für 4 Portionen:
Für die Füllung:
1 Hähnchenbrust (450 g)
2 Wachteln (je 150 g), küchenfertig vorbereitet
1 Taube (300–350 g), küchenfertig vorbereitet
25 g frischer Ingwer
$^1/_2$ l trockener Weißwein (z.B. Frascati)
Salz
1 Lorbeerblatt
1 EL schwarze Pfefferkörner
1 TL Korianderkörner
3 Eigelb
2 EL Olivenöl
2 EL Mehl
3 EL Rosinen
2 EL gehackte Kräuter (Oregano, Thymian, Rosmarin, Salbei)
1 TL Sardellenpaste, ersatzweise Fischsauce aus dem Asienladen
schwarzer Pfeffer, frisch gemahlen
Für den Teig:
250 g Mehl (Type 550)
1 Ei
Salz
2 TL neutrales Pflanzenöl
1 TL Weißweinessig
Mehl für die Arbeitsfläche
außerdem:
75 g Butter
50 g geriebener Hartkäse (z.B. Parmesan, Schafkäse)

Zubereitungszeit: $1^1/_2$ Std. (+ 30 Min. Backen)

Pro Portion: 3800 kJ/900 kcal

1 Für die Füllung das Geflügel waschen, Ingwer schälen und in Scheiben schneiden. $^1/_4$ l Weißwein mit $^1/_2$ l Wasser, Wachteln, Taube, Salz, Lorbeer, Pfeffer, Koriander und Ingwer aufkochen, den Schaum abschöpfen, zugedeckt etwa 30 Min. bei schwacher Hitze garen, Hühnerbrust nach etwa 15 Min. dazugeben. Dann das Fleisch herausheben und etwa 15 Min. abkühlen lassen, die Brühe solange offen bei starker Hitze etwa auf die Hälfte einkochen lassen.

2 Während das Fleisch gart, für den Teig das Mehl mit dem Ei, etwas Salz, 1 TL Öl, Essig und 6–8 EL Wasser zu einem glatten, glänzenden Teig verkneten. Mit 1 TL Öl bepinseln, in Folie packen. Etwa 30 Min. ruhen lassen.

3 Das Geflügel enthäuten, das Fleisch von den Knochen lösen, mit einem Messer fein hacken. Das Feingehackte in einer Schüssel mit Eigelben und 1 EL Olivenöl vermischen.

4 Das restliche Olivenöl bei mittlerer Hitze heiß werden lassen. 2 EL Mehl einrühren und hell anschwitzen. $^1/_4$ l von der Brühe mit dem restlichen Wein dazugießen und alles unter Rühren aufkochen, offen etwa 5 Min. einkochen lassen. Die Rosinen waschen, mit Kräutern, Sardellenpaste und dem gehackten Geflügelfleisch in die Sauce rühren, noch etwa 10 Min. bei schwacher Hitze ziehen lassen, salzen und pfeffern.

5 Ofen auf 220° vorheizen. Die Butter zerlassen, eine flache, runde Auflaufform mit etwas Butter ausfetten. Den Teig in 8 Stücke teilen, jedes Stück auf einer bemehlten Arbeitsfläche hauchdünn ausrollen, 4 Teigplatten mit etwas Butter bestreichen, jeweils eine unbestrichene Platte darauflegen und die Stücke zu Kreisen im Durchmesser der Form ausrollen. Den Boden der Form mit einem Teigkreis auslegen. Darauf ein Drittel der Füllung verteilen und mit einem Teigkreis abdecken. Füllung und Teigkreise abwechselnd einschichten und mit dem vierten Teigkreis abschließen. Mit Käse bestreuen und mit der restlichen Butter beträufeln.

6 Die Pastete im Ofen (Mitte; Umluft 200°) etwa 30 Min. backen, für die letzten 10 Min. Temperatur auf 180° (Umluft 160°) zurückschalten. Heiß mit einem Salat aus Lattich (Romanasalat) und Zwiebelstreifen zu einem italienischen Frascati servieren.

Info: Marcus Gavius Apicius lebte zur Zeit Kaiser Tiberius in Rom und galt als Schlemmer und großzügiger Gastgeber. Er soll um 30 n. Chr. Rezepte gesammelt haben, die nach seinem Tod als »De re coquinaria« (Über die Kochkunst) veröffentlicht wurden.

Drei Jahre nach der Neuanlage eines Weinberges tragen die Weinstöcke das erste Mal Früchte.

Wie Reben wachsen und Trauben reifen

Auch wenn die Weinrebe nun fast rund um die Erde kultiviert wird, beschränkt sich der Anbau auf zwei schmale Gürtel, die sich nördlich und südlich des Äquators um die Erde schlingen. Diese Gürtel, die auf der Nordhalbkugel zwischen dem 40. und 50. Breitengrad, auf der Südhalbkugel zwischen dem 30. und 45. Breitengrad liegen, zeichnen sich durch ein gemäßigtes Klima aus. Weinstöcke mögen es warm und sonnig, aber nicht zu heiß, nicht zu feucht und nicht zu trocken. Daß die ältesten Weinbaugebiete am Mittelmeer liegen, ist kein Zufall. Hier findet die Rebe ideale Wachstumsbedingungen vor. Mindestens 1300 Sonnenstunden sollte das Jahr bringen, damit die Trauben reifen können, die mittlere Jahrestemperatur darf nicht niedriger als 9 °C und der Jahresniederschlag nicht geringer als 400 mm sein. Wo diese Bedingungen nicht erfüllt sind, reifen entweder die Trauben nicht aus oder die Weine werden zu alkoholreich, schwer und plump, weil Fruchtgeschmack und Säure fehlen oder von der Süße überdeckt werden.

Näher betrachtet gibt es jedoch eine ganze Reihe von Ausnahmen. Auch in heißeren Gebieten wächst Wein, wenn die Rebstöcke in kühleren Höhenlagen angebaut werden wie in Sizilien oder auf den Golan-Höhen in Israel. Andererseits kommen weltberühmte Weine aus Regionen, die eigentlich für die Traubenreife zu kühl sind: Die Weinbaugebiete an Mosel und Ahr liegen schon nördlich des 50. Breitengrades und sind häufig durch Spätfröste und zu geringe Temperaturen während der Wachstumszeit gefährdet. Aber hier wirken die Flüsse als zusätzliche Wärmequelle, da sie die Sonnenstrahlen auf die Weinberge zurückwerfen und die steilen Rebhänge empfangen mehr Licht als ein flaches Feld. Auch der Untergrund spielt eine wichtige Rolle, ein dunkler Boden, z. B. aus Schiefergestein, speichert mehr Wärme als ein heller Sandboden. Ein Gebirge, das kalte Winde abhält, ist genauso wichtig wie die Entfernung zum Meer, das die Temperaturschwankungen des Jahres abschwächt. Alles zusammen ergibt ein »Kleinklima«, das von Weinberg zu Weinberg wechselt. Und natürlich auch von Jahr zu Jahr, so daß in den Gebieten am Rand der Weinbaugürtel die Qualität in einem Jahr gut, im nächsten schlecht sein kann.

Je härter das Klima für die Reben, desto besser der Wein

Warum wird dann überhaupt am Rand der vom Klima vorgegebenen Grenzen noch Wein angebaut, wenn das Risiko einer schlechten Ernte so groß ist? Weil gerade die Weine der Grenzlagen besonders interessant sind. Dort, wo die Reben ums Überleben kämpfen müssen, stecken sie ihre ganze Wachstumskraft in die Beeren und geben ihnen mehr Aromastoffe mit. Die Weine werden so nuancenreicher und fruchtiger. Der deutsche Riesling nördlicher Lagen verdankt seinen Ruf diesem Umstand wie auch die Trauben der Champagne, die nahe der Rebengrenze starke Temperaturunterschiede ertragen müssen, was dem Champagner seinen Charakter verleiht.

Auch wenn der Winzer das Wetter nicht beeinflussen kann, hat er doch eine Reihe von Möglichkeiten, um die Weinqualität zu beeinflussen. Die erste und wichtigste ist die Auswahl der Rebsorte bei der Anlage eines Weinbergs. Dabei kommt es nicht nur darauf an, die Sorte auszuwählen, die für den Boden und die Lage geeignet ist, sondern auch, daß die Rebsorte in Zukunft noch gefragt sein wird. Die Bestockung eines Weinbergs ist eine Investition für Jahrzehnte. Erst nach Jahren bringen die Rebstöcke einen hochwertigen Wein, und wenn dann die damals gepflanzte Sorte nicht mehr dem Zeitgeschmack entspricht, bedeutet das einen großen Verlust für den Winzer.

Ein Rebstock hat ein kompliziertes Wurzelsystem, mit dem er im Boden verankert ist und das ihn mit Nährstoffen und Wasser versorgt. Die Fußwurzeln, die bis über fünf Meter senkrecht in die Tiefe treiben können, ermöglichen der Pflanze auch auf steinigen, trockenen Böden das Überleben. Die Seitenwurzeln halten und versorgen die Rebe ebenso und erschließen die Nährstoffe rund um die Pflanze. Die Tag- oder Tauwurzeln liegen als dichtes Geflecht unter der Oberfläche und sammeln vor allem das oberflächliche Regen- und Tauwasser auf. Das gesamte Wurzelsystem ist also darauf ausgerichtet, jeden Wasser- und Tautropfen aufzufangen. Die Verlängerung der Wurzeln über der Erde ist der Rebstamm, der der Pflanze Halt gibt und in dem der Nährstofftransport

Die sogenannte Pergola-Erziehung der Weinreben findet man vor allem noch in Südtirol, Südwestfrankreich und Nordspanien.

Moderner ist es, die Weinreben an Drähten hochwachsen zu lassen. Dadurch wird die Arbeit im Weinberg erleichtert.

Im Frühjahr zeigen sich die kleinen unscheinbaren Blüten des Weins.

Mit dem Rebschnitt im Spätwinter und Vorfrühling entfernt der Winzer das alte Fruchtholz bis auf ein bis zwei Ruten, die im Frühjahr wieder austreiben.

zwischen Wurzeln und Blättern abläuft. Dieser holzige Stamm ist von einer harten Rinde bedeckt, die sich faserig ablöst. Je älter der Stamm ist, desto dicker, knorriger und bizarrer geformt ist er. Die von ihm ausgehenden Äste, auch Schenkel genannt, sind mindestens drei Jahre alt und dienen als Nährstoffspeicher. Nur aus den Knospen oder »Augen« des einjährigen Holzes treibt der Rebstock wieder aus. Die Blätter der Rebe sind drei- bis fünflappig, groß und langgestielt. Ihnen gegenüber stehen die Ranken, die Greiforgane der Rebe, die sich während der Wachstumsphase um alles schlingen, was ihnen als Halt dienen könnte. Im Weinberg sind das natürlich die Pfosten oder gespannte Drähte. Die Blüten der Reben sind klein und unscheinbar und stehen in Rispen zusammen, die »Gescheine« genannt werden. Aus jedem Geschein, dessen Blüten sich in Mitteleuropa zwischen Ende Mai bis Mitte Juni öffnen, in wärmeren südlichen Ländern bereits ein bis zwei Monate früher, entwickelt sich später eine Traube. Wenn aber die Witterung ungünstig ist und die Befruchtung der Blüten behindert, bilden sich nur wenige Beeren, die Winzer nennen das »Verrieseln«. Im günstigen Fall aber entwickeln sich die Fruchtknoten der Blüten zu fleischigen, saftreichen Beeren, die zu Fruchtständen, den Trauben, zusammengefaßt sind. Diese Trauben bestehen aus einem verzweigten Stielgerüst, Kämme oder Rappen genannt.

Erziehung und Schnitt

Mit der sogenannten »Erziehung« der Weinreben wird bestimmt, wie die Reben wachsen dürfen. Die älteste Methode ist, sie an einem Pfahl hochranken zu lassen. In Südtirol wie auch auf manchen griechischen Inseln findet man noch die Pergola-Erziehung, wobei die Reben über mannshohe Gerüste wachsen, die aus Pfosten und Holzlatten errichtet sind. Heute werden die Triebe vorwiegend an Drahtrahmen festgebunden, die an Holz- oder Kunststoffpfähle gespannt sind. Je nach gewünschter Erziehungsart werden sie in runden Bögen, herzförmig oder senkrecht nach oben befestigt. Der Abstand der Rebzeilen zueinander hängt davon ab, ob maschinell – also mit Weinbergtraktoren – oder mit der Hand die Boden- und Pflanzenpflege vorgenommen werden soll. Grundsätzlich gilt: Je enger die Rebstöcke stehen und je weniger Trauben sie tragen dürfen, desto besser ist die Qualität des späteren Weines. Bei der Dichte der Bepflanzung scheiden sich die Geister: Der eine läßt große Abstände zwischen den einzelnen Stöcken, der andere pflanzt die Rebstöcke dicht, hält sie aber durch starken Beschnitt sehr kurz, um die Qualität zu verbessern. Die Reben müssen dabei um die Nährstoffe kämpfen, versorgen aber vor allem ihre Trauben und geben ihnen viel Zucker und Mineralstoffe mit. Besonders die

guten Weingüter im Burgund und in Bordeaux arbeiten nach dieser Methode.

Je weniger Most pro Hektar Rebfläche gewonnen wird, um so teurer muß natürlich letztlich auch der Wein sein. Deshalb gibt es Massenweine, bei denen pro Hektar 200 Hektoliter Most und mehr anfallen, und es gibt die großen Weingüter, die stolz darauf sind, daß sie 40 oder sogar nur 30 Hektoliter Most pro Hektar erzielen.

Die wichtigste Arbeit des Winzers ist der Rebschnitt, einmal nach der Weinlese im Winter, wobei das alte Fruchtholz entfernt wird. Qualitätsbewußte Winzer lassen nur zwei Ruten am Stock, damit nicht zu viele Trauben wachsen, diese aber einen gehaltvolleren Wein ergeben. Aus den Knospen wachsen im Frühjahr die neuen Sommertriebe, die je nach Qualitätsanspruch im Frühsommer gekürzt werden. Da die Rebstöcke trotz ihrer Robustheit sehr anfällig für Krankheiten und Schädlinge sind, müssen die Winzer ständig auf der Hut sein. Früher wurden Pilze und Schädlinge mit Kupferlösungen und feinem Schwefelpulver bekämpft, dann wurden Fungizide und andere Mittel der chemischen Industrie eingesetzt. Heute bemühen sich viele Winzer, einen biologischen Weinbau durchzuführen: die Abwehrkraft der Reben wird durch natürlichen Dünger gestärkt, Nützlinge wie Florfliegen, Marienkäfer und Ohrwürmer werden gefördert, gespritzt wird nur mit Pflanzenbrühen.

Konnten sich die Blüten gut entwickeln, geht mancher Winzer nochmals durch seine Rebstöcke und bricht einzelne Fruchtansätze aus, damit nicht zu viele Fruchtstände entstehen. Überschüssiges Laub wird entfernt, um mehr Sonne an die Trauben zu lassen. Je nach Anbaugebiet ist die Weinlese im Spätsommer oder im Herbst, und damit beginnt die schwierigste Arbeit: die Weinerzeugung.

Wird der Weinberg mit Traktoren bearbeitet, sind die Rebzeilen in einem größeren Abstand gepflanzt.

Im unreifen Zustand sind alle Weinbeeren grün. Erst beim Reifen verfärben sie sich je nach Sorte gelblich oder rötlich.

Die Weinherstellung kann beginnen: Die Trauben sind erntereif, der erste Traubenmost ist gewonnen.

In vielen Weinbergen werden die Trauben bei der Lese in Bütten transportiert.

Wie aus Trauben Wein wird

In den Weinbaugebieten herrscht vom Frühjahr bis zum Herbst gespannte Erwartung, wie sich Blüten und Trauben entwickeln. Die Beeren sind bis in den Hochsommer hinein hart, grün und sehr sauer. Sie färben sich erst etwa zwei Monate vor der Lese je nach Rebsorte gelb, rot oder dunkelblau, werden durchscheinend und weich. Ihr Zuckergehalt nimmt zu, bis ein vom Klima, von den Wetterverhältnissen und der Sorte abhängiger Endwert erreicht ist. Herrscht während der Reife warmes und trockenes Wetter, so verdunstet Wasser aus den Beeren, der Traubensaft wird konzentrierter. Mit der Zuckerzunahme, etwas zeitlich versetzt, beginnt ein zweiter Vorgang, der für die spätere Qualität des Weines wichtig ist: Der Säuregehalt der Beeren nimmt ab, bis ein Tiefstwert erreicht ist. Die Weinlese soll genau dann stattfinden, wenn der höchste Zuckergehalt erreicht, der Säuregehalt (bei Weißweintrauben) aber noch nicht zu sehr abgesunken ist. Der Zeitpunkt muß jedes Jahr für jede Traubensorte und für jede Lage neu bestimmt werden. In heißen Ländern, wo die Trauben früh und schnell reifen, werden die Weißweintrauben oft halbreif geerntet, um die Weine säurereicher zu halten – dann ist aber der Zucker- und Extraktstoffgehalt (Inhaltsstoffe des Weines nach der Verdunstung von Wasser und Alkohol) oft zu niedrig, um gehaltvolle Weine zu bringen. Für Rotweine dagegen können die Beeren nicht spät genug geerntet werden.

Zur Erntezeit kommen die Winzer kaum zur Ruhe. Die Trauben müssen gepflückt und so schonend wie möglich transportiert werden, sonst können sich unerwünschte Geschmacksstoffe entwickeln und die Gärung fehlerhaft verlaufen. Die Lese der Trauben ist eine harte Arbeit, und je steiler ein Weinberg ist, um so mehr Mühe macht der Transport der Trauben, die dort meist noch nach alter Art in Bütten auf dem Rücken getragen werden.

Traubensorten

Obwohl die Keltertrauben praktisch alle von der Weinrebe Vitis vinifera abstammen, unterscheiden sich die Sorten wesentlich in Beeren- und Traubenform, Farbe, Reifezeitpunkt, Zucker- und Säuregehalt, so daß es weltweit eine Unzahl von Traubensorten gibt. Die am meisten verbreiteten, sortenrein ausgebauten und edelsten hier in einem kurzen Überblick. Daneben gibt es noch viele Sorten, die regional von Bedeutung sind.

Rotweintrauben

Cabernet Sauvignon – edelste Traube für Rotwein, ergibt füllige, rubin- oder granatrote Weine. Im Bordeaux-Gebiet Frankreichs gemischt mit Merlot oder Malbec. Wird außerdem in Australien, Chile, Italien, Kalifornien, Spanien, Südafrika, Südamerika und Osteuropa angebaut.

Merlot – wird in Frankreich (Bordeaux: Pomerol und Saint-Émilion), Italien (Toskana, Trentino), der Schweiz (Tessin), in Kalifornien, Brasilien, Chile, Argentinien, Neuseeland und in Osteuropa (Bulgarien, Rumänien, Ungarn) angebaut. Die Weine sind weich und relativ früh trinkreif.

Pinot Noir (Blauer Spätburgunder) – die Weine des Burgunds werden daraus gekeltert, im Elsaß ein hellroter Wein, edle Champagner enthalten weiß gekelterten Pinot Noir. Auch in Deutschland (Ahr, Baden, Pfalz und Rheingau), Österreich, der Schweiz, in Italien (Pinot Nero), Australien, Kalifornien und Neuseeland wird die Rebe angebaut. Die Weine sind fruchtig, weich, in guten Jahren füllig, aromatisch.

Weißweintrauben

Chardonnay – internationale Rebsorte, aus der die besten Weißweine Burgunds bereitet werden, ebenso wie

Eine der ältesten Methoden Wein zu keltern ist, die Trauben mit den Füßen zu zertreten.

Heute nur noch ein Schaustück: Eine alte Weinpresse in einem Weinberg im Rheinland.

Mittelgroße, festschalige Beeren trägt die frühreifende Rotweinrebe Merlot, die mit anderen Trauben verschnitten in vielen Bordeaux-Weinen enthalten ist.

Champagner. Wird in Italien (Venetien, Trient, Lombardei), der Schweiz (Wallis, Neuenburg), in Rumänien, Australien, Kalifornien, Südafrika angebaut. Ergibt trockene, volle Weine, mit großer Aromenvielfalt.

Pinot Blanc, Pinot Gris (Weißburgunder, Grauburgunder oder Ruländer) – vom Pinot Noir abstammende Sorten, in Deutschland (Baden, Rhein), Frankreich (im Elsaß), Norditalien und in Ungarn angebaut. Ergibt würzige, säurearme und alkoholreiche Weine.

Riesling – anspruchsvolle Rebe, die aber die edelsten, würzigsten Spitzenweine liefert, die sich durch ein feines Muskataroma und lange Lagerfähigkeit auszeichnen. Wird in Deutschland, Luxemburg, der Schweiz, in Österreich, Italien (Friaul), Frankreich (Elsaß), Australien, Südafrika, Chile und Kalifornien angebaut.

Sauvignon Blanc – ergibt alkoholreiche, haltbare Weine mit blumig-grasigem Duft. Wichtige Sorte in Frankreich (obere Loire, Bordeaux), Italien, Österreich, Spanien, Israel, Osteuropa, Kalifornien, Australien und Neuseeland.

Traminer, Gewürztraminer – in Deutschland (Baden, Rheinpfalz), Frankreich (Elsaß), Südtirol und in Kalifornien angebaute Rebsorte, die aromatische, würzige und sehr kräftig duftende Weine ergibt, die hochfein, aber auch plump sein können.

All diese Sorten unterscheiden sich merklich von den Tafeltrauben, die zum Essen gedacht sind. An den Trauben sitzen meist kleine, dichtgepackte Beeren, die eine harte, dicke Schale, weniger Fruchtfleisch und viele Kerne haben. Die einzelne Beere besteht aus der Beerenhaut, die bei roten und blauen Beeren den Farbstoff enthält und von einer dünnen Wachsschicht, dem »Duft«, überzogen ist. Unter der Beerenhaut liegt das saftreiche Beerenfleisch mit den Samen oder Kernen, umgeben von dem »Butzen«, einem festeren Mark. Nach der Lese werden die Trauben so schnell wie möglich zerkleinert. In südlichen Ländern geschieht das oft noch in Holz- oder Betonwannen, in denen die Trauben mit den Füßen zertreten werden. Ansonsten nimmt man Traubenmühlen, die die Beeren mit Walzen zerdrücken. Rotweintrauben und viele Weißweintrauben werden vorher »entrappt«, d. h., die gerbstoffreichen Stiele werden entfernt, damit der Wein nicht herb und bitter wird. Das Gemisch aus Schalen, Kernen und Saft wird Maische genannt. Für Weißweine wird gleich nach dem Maischen der Traubensaft von den festen Bestandteilen, den »Trestern«, getrennt. Schon die Griechen und Römer benutzten dazu Keltern, die durch den Druck schwerer Baumstämme den Saft auspreßten. Solche »Torkeln« (von lat. torcularium) oder Trotten sind als Museumsstücke erhalten oder werden in Ländern mit einfacher Weinbereitung noch verwendet. Mechanische Keltern pressen mit Motorkraft oder Druckluft.

Handarbeit im Loire-Tal: Ein französischer Winzer belädt seine Weinpresse mit Muscadet-Trauben.

Maischegärung für Rotwein

Für die Rotweinbereitung muß die ganze Maische vergären, damit die roten Farbstoffe aus den Schalen gelöst werden. Wird der Saft roter Trauben sofort abgepreßt, erhält man einen hellen Most, aus dem Weißwein wird – Champagner wird z. B. aus rotem Pinot Noir gewonnen. Rosé-Weine erhält man, wenn die Maische von roten Trauben nur kurz angärt. Die Dauer der Maischegärung hängt von dem Weintyp ab, den der Winzer erzielen möchte. Je länger Saft, Traubenschalen und Kerne vergären, desto mehr Farbstoffe werden aus den Schalen gelöst. Aber auch der Gehalt an Gerbstoffen, den Tanninen, erhöht sich. Diese Gerbstoffe machen den typischen Charakter der Rotweine aus, schmecken jedoch rauh und herb, wenn sie stark vertreten sind.

Der abgepreßte Traubensaft, »Most« genannt, wird in Gärbehälter (Fässer oder heute meist Edelstahl- oder glasierte Betontanks) gefüllt und fängt spontan zu gären an – auf den Beerenschalen saßen natürliche Hefen, die sich schnell vermehren, wenn sie nicht

Fruchtige, trockene Weißweine liefert die Rebsorte Sémillon, die jung getrunken werden können, aber, je nach Güteklasse, auch gut lagerfähig sind.

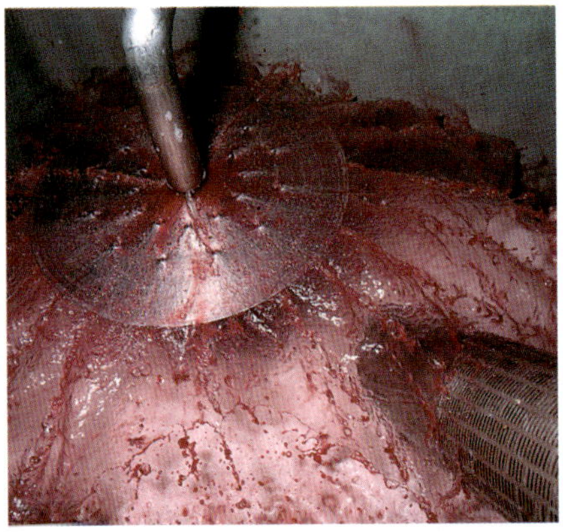

Intensiv rot wird der Wein, wenn man ihn ein zweites Mal über die Traubenschalen pumpt.

Wein gärt heute oft in Edelstahltanks und wird dann umgefüllt.

vorher durch Filtration oder Zentrifugieren des Mostes entfernt werden. Um einen sauberen Gärverlauf zu erhalten, werden Reinzuchthefen zugesetzt, die die »wilden Hefen« ersetzen. Meist wird der Most auch »geschwefelt«, d. h., eine kleine Menge schwefligsaurer Salze zugegeben, die die Entwicklung schädlicher Kleinlebewesen verhindert, die Hefen aber nicht stört. Die Hefen »fressen« die Zuckerstoffe im Most und erzeugen dabei Alkohol und Kohlensäure. Enthält der Most vor der Gärung zu wenig beereneigenen Zucker, so kann das jetzt durch Zugabe von reinem Kristallzucker oder konzentriertem (eingekochtem) Traubensaft korrigiert werden. Dieses »Anreichern« ist streng geregelt und richtet sich nach den Bestimmungen des Landes, der Weinbauregion (je kühler das Klima, desto weniger Zucker bilden die Trauben) und dem Jahrgang (in sonnenarmen Jahren darf mehr gezuckert werden). Der Kristallzucker macht die Weine nicht süß, da er wie der natürliche Zucker vergoren wird. Er erhöht nur den Alkoholgehalt des fertigen Weines, macht ihn voller und haltbarer.

Bei größerer Wärme verläuft die Gärung stürmischer und heftiger. Die Hefen setzen dann schneller als erwünscht Zucker in Alkohol um, wobei Kohlensäure entsteht und es heftig sprudelt. Durch die Tätigkeit der Hefen wird zusätzlich Wärme erzeugt. Deshalb werden die Behälter gekühlt, um die Gärtemperatur zwischen 18 und 25 °C zu halten. Dies gilt vor allem für Weißweine. Bei Rotweinen darf der gärende Most wärmer werden, um Farbe und Gerbstoffe herauszuziehen. Heißere Weinbauregionen sind daher eher Rotweingebiete, während die kühleren Länder mehr Weißweine erzeugen. Nach ein bis zwei Wochen ist die erste Gärung abgeschlossen. Der Jungwein wird »abgestochen«, also vom Hefesatz durch Umpumpen in ein anderes Faß oder einen anderen Tank abgetrennt und eventuell nochmals geschwefelt.

Nach dieser Prozedur erfolgt oft ein biologischer Säureabbau, bei dem natürlich vorkommende oder zugesetzte Bakterien bestimmte Säuren, besonders die Apfelsäure aus den Beeren, vermindern sollen. Die Apfelsäure macht den Jungwein hart und säuerlich und wird von den Bakterien in eine mildere Säure, die Milchsäure, umgewandelt. Allerdings muß dieser Säureabbau sorgfältig überwacht werden. Verläuft er zu intensiv, so entstehen Substanzen, die den Wein nach Sauerkraut schmecken lassen oder allergische Reaktionen auslösen können. Mancher Weintrinker verdankt seinen »dicken Kopf« den Histaminen, die beim Apfelsäureabbau entstehen können und vor allem in Rotweinen zu finden sind. Nach Abschluß des Säureabbaus wird der Wein eventuell mit »Süßreserve« versetzt: Um den fertigen Wein süß zu machen, wird unvergorener, konzentrierter Traubenmost zugesetzt. Danach scheiden sich die Geister: Um den Wein klar und blank zu bekommen, filtern oder »schönen« ihn die Winzer, d. h., sie versetzen ihn nach alter Methode mit Hühnereiweiß oder mit Tonerde, um Trübstoffe auszufällen. Moderner ist das Verfahren, den Wein durch mikrofeine Filterschichten zu pressen, um ihn rein und klar zu machen. Der eine füllt den Wein direkt von der Hefe auf die Flaschen (in Frankreich »sur lie« genannt), der andere läßt ihn nach Filtration und Klärung in Stahltanks noch reifen, der dritte schwört auf die Reife im Holzfaß, das neu und klein (Barrique) oder groß und alt sein kann, damit sich Duft und Geschmack weiter entwickeln und verfeinern können. Danach wird der Wein in Flaschen abgefüllt, verkorkt und etikettiert. Die weitere Reife erfolgt nun in der Flasche.

Schaumweine wie Sekt oder Champagner werden zunächst wie die nicht perlenden Weine hergestellt. Dann durchlaufen sie aber noch eine zweite Gärung in geschlossenen Behältnissen, bei der zugesetzter Zucker unter Druck vergoren wird, so daß die entstehende Kohlensäure im Wein verbleibt. Je nach Endprodukt geschieht diese Gärung ausschließlich in der Flasche (Flaschengärung), in großen Tanks oder als Mischform (Transvasierverfahren) erst in Flaschen, dann wird in Tanks gemischt und abgefüllt. Beim Asti Spumante erfolgt nur eine einzige Gärung in geschlossenen Tanks. Bei den billigsten perlenden Weinen, den Perlweinen, wird einfach Kohlensäure in den Wein gepreßt. Das macht ihn zwar »spritzig«, verleiht ihm aber nicht die Geschmacksnuancen, die durch die natürliche Gärung zustande kommen.

Durch die Hitze des Feuers läßt sich Eichenholz so biegen, daß es mit Metallringen zum Faß gebunden werden kann.

Durch tägliches »Rütteln« wandert der Hefesatz bei Sekt und Champagner in den Flaschenhals und wird dann entfernt.

An der Mosel liegt die Stadt Bernkastel mit dem berühmten Weinberg Bernkasteler Doctor.

Auf die Gesundheit

Der Trinkspruch, mit dem man sein Glas erhebt, hat fast immer mit der Gesundheit zu tun: »Prosit« bedeutet, es möge nützen, guttun. Ebenso »Santé«, »Salute« oder »To your health«. Den schönsten Wunsch tun die Spanier kund: »Salud, amor y pesetas« – Gesundheit, Liebe und Geld. Man beachte die Reihenfolge.

Seit Tausenden von Jahren wird Wein getrunken und wäre er schädlich, so würde man es schon lange wissen.

Zur Erinnerung: Wein entsteht bei der natürlichen Vergärung des Saftes frischer, reifer Trauben. Wird er nicht manipuliert, so ist er ein reines Naturprodukt. Der Wein enthält eine Unzahl von Stoffen, die die Rebe aus dem Boden aufgenommen hat und die bei der Vergärung neu gebildet werden. Außer dem Alkohol, der von Hefen aus Zuckerstoffen gebildet wird, enthält Wein Glyzerin, Salze, natürliche Säuren, Zuckerstoffe, Tannine (Gerbstoffe), flüchtige aromatische Substanzen, Pektine, Vitamine und Spurenelemente. Therapeutisch interessant sind die Mineralstoffe Kalium, Kalzium und Eisen, nennenswert auch der Gehalt an Mangan, Zink, Kupfer, Fluor und Jod. Der Vitamingehalt der Weine reicht zwar nicht aus, Defizite des Körpers zu decken, aber er geht positiv in die Gesamtbilanz ein.

Hauptinhaltsstoff und Kritikpunkt der Gegner ist der Alkohol im Wein. Alkohol, genauer Ethylalkohol, ist für den menschlichen Organismus kein unbekannter Stoff. Er entsteht durch die Tätigkeit der Hefen im Brotteig, in Kefir und auch im Körper in geringen Mengen bei der Verdauung. Deshalb kann der Körper auch den Alkohol zur Energiegewinnung verwerten und abbauen. Führen wir unserem Körper nicht mehr Alkohol in verdünnter Form – etwa beim Wein in nur 10prozentiger Konzentration – zu, als er verarbeiten kann, so wird er vollständig in die Endprodukte Kohlensäure und Wasser zerlegt. Bei einem gesunden Mann liegt die verwertbare Menge etwa bei 0,1 Gramm reinem Alkohol pro Kilogramm Körpergewicht und Stunde, bei einer Frau bei 0,085 Gramm pro Kilogramm Körpergewicht und Stunde. Anders ausgedrückt: Etwa ein Weinglas, bei Frauen nicht ganz voll eingeschenkt, pro Stunde nimmt der Körper auf, ohne daß sich der Alkoholgehalt im Blut erhöht. Erst oberhalb dieser Grenzmenge wird die Verbrennung unvollständig, der Alkoholgehalt im Blut steigt an und ein Teil wird über die Nieren ausgeschieden. Die Geschwindigkeit, mit der Alkohol von der Magen-Darm-Schleimhaut aufgenommen wird, ist abhängig von der »Grundlage«: Aus einem vollen Magen wird der Alkohol wesentlich langsamer aufgenommen als aus einem leeren, ein Teil wird sogar vom Mageninhalt (vom Fett) gebunden

und erst später wieder freigesetzt.
Die vielfältigen Inhaltsstoffe des Weines zeigen positive gesundheitliche Wirkungen, deren Ursachen meist immer noch nicht genau bekannt sind. Schon früh erkannte man die antibiotische Wirkung des Weines, die man bei Epidemien nutzte: Wenn das Trinkwasser verseucht war, half es, Wein zu trinken, um Bakterien und Viren abzutöten. Auch die klassische Kombination von Austern und Wein beruht auf der Erfahrung, daß der Wein Kolibakterien und Typhuserreger unschädlich machen kann. Dies ist aber nicht auf den Alkohol im Wein zurückzuführen, sondern auf andere Inhaltsstoffe, die vor allem in Rotweinen zu finden sind.
Neueste Studien zur positiven Wirkung des Weines zeigen, daß ein Weingenuß in Maßen mit einer deutlich geringeren Sterblichkeit bei Herz-Kreislauf-Erkrankungen wie auch bei anderen Todesursachen einhergeht. In den Ländern der westlichen Welt ist heute der Herzinfarkt die häufigste Todesursache. Allerdings sterben in Nordeuropa drei- bis viermal so viele Menschen an Herz-Kreislauf-Krankheiten als in den klassischen Weinländern wie Spanien, Italien und Frankreich. Ein moderater Weingenuß, etwa drei Gläser Wein pro Tag, ist mit einer deutlich verminderten Herzinfarktrate, sogar mit niedrigeren Sterblichkeitsraten überhaupt gegenüber abstinent lebenden Menschen verbunden. Ein übermäßiger Genuß von Wein erhöht allerdings das Risiko alkoholbedingter Todesursachen. Nur wo das Übermaß beginnt, bleibt strittig. Als Faustregel kann gelten: Wer mehr als eine 0,75-Liter-Flasche Wein pro Tag trinkt, begibt sich in den gefährlichen Bereich. Für Frauen gelten geringere Mengen: Sie können den Alkohol nicht so schnell abbauen und sollten möglichst weniger als einen halben Liter Wein pro Tag trinken.
Ein Glas Wein kann auch die Psyche positiv beeinflussen. Die Geruchs- und Geschmacksstoffe verbessern die Stimmungslage, das Wohlbefinden und den Antrieb. Die Blutgefäße erweitern sich, der Blutdruck steigt leicht an, das Gehirn wird besser durchblutet. Ein mäßiger Weingenuß beeinträchtigt nicht die Leistungsfähigkeit.
Daß Wein in Maßen der Gesundheit förderlich ist, zeigt auch die Erfahrung des Bürgerspitals zum Heiligen Geist in Würzburg: Nach der Speiseordnung aus dem Jahr 1589 erhielten damals die Bewohner des Spitals 1 Maß Wein – das waren über 1,2 Liter – pro Tag, an besonderen Tagen sogar noch $^{1}/_{2}$ Maß extra. Bis heute hat sich dieser Brauch erhalten, ist allerdings auf einen Schoppen ($^{1}/_{4}$ Liter) zusammengeschrumpft. Nur an Sonn- und Feiertagen wird die Menge verdoppelt. Damals wie heute werden die Bewohner des Spitals erstaunlich alt.

Mit Genuß etwas für die Gesundheit tun: in Maßen getrunken wirkt Wein positiv auf den menschlichen Körper.

Ein schönes Mitbringsel aus Würzburg: ein Bocksbeutel mit Frankenwein aus dem Bürgerspital zum Heiligen Geist.

DEN WEIN GENIESSEN

Wein hat viele gute Seiten. Er steigert die gute Laune, läßt neue Ideen entstehen, macht es leichter, menschliche Kontakte aufzubauen und fördert die Gemütlichkeit. Er leitet sanft von der Zeit der Arbeit, der Anspannung in die Phase der Erholung, der Besinnung, der Muße und des Genießens über. Er hilft – in Maßen getrunken – psychische Spannungen abzubauen und kann zur Lösung von Konflikten beitragen. Wein ist ein geselliges Getränk, das man überall auf der Welt gerne im Freundeskreis, in Wein- oder Winzerstuben, Bars, Bistros und Heurigenlokalen genießt. Wer Freude am Wein hat, dem macht es auch Spaß, ihn mit Bedacht einzukaufen, ihn richtig zu lagern und zu einem besonderen Essen den passenden Wein auszuwählen.

Weder das Studium von Weinlisten noch das Befragen von Experten hilft dabei, den Lieblingswein zu finden. Nur das Probieren zeigt, ob der Inhalt hält, was Flasche und Etikett versprechen. Deshalb schenken viele Winzer und Fachhändler ihre Weine zum Kosten aus. Noch interessanter ist es, zu Hause eine Weinprobe zu veranstalten. Dabei muß es keineswegs so ernst zugehen wie bei einer offiziellen Verkostung oder in harte Arbeit ausarten. Wein ist kein Getränk, vor dem man in Ehrfurcht erstarren braucht. Vielmehr soll das Sehen, Riechen und Schmecken des Weins dazu anregen, dieses herrliche Getränk wirklich mit allen Sinnen zu genießen.

In geselliger Runde genießen griechische Männer im Anbaugebiet Rapsani an den Hängen des Olymp ihren Rotwein.

Wein ist zum Trinken da

Wo Wein wächst, ist er ein Alltagsgetränk. Die meisten Winzer bauen sich ihren eigenen Hauswein aus, einfache, leichte und saubere Tropfen ohne amtliches Prüfsiegel. Aber auch jede Weinlandschaft, die Sie besuchen werden, hat ihre ordentlichen Landweine, die ohne große Umstände getrunken werden und die zu entdecken sich lohnt.

Bars und Bistros

In Frankreich gehört Wein einfach überall dazu. Um ein Glas Wein zu trinken, gehen Franzosen – vor allem in der Hauptstadt Paris – in ihre Bistros um die Ecke oder in die »Bars au vin«. Entstanden sein sollen sie am Montmartre, wo die 1814 hier einquartierten Kosaken mit »bistro, bistro« (schnell, schnell) Essen und Trinken forderten. Einfache, schnelle Gerichte gibt es auch bei den kleinen Weinwirten, den Metzgern, die fertige Gerichte anbieten und natürlich an vielen Ständen auf den Märkten und an den Straßen, wo man sogar frische Austern zu einem Glas Weißwein im Stehen essen kann.

Noch gibt es in Paris auch die Cafés, wo sich die Nachbarn am späteren Vormittag zu einem »Ballon rouge«, dem kleinen Rotwein im bauchigen Glas, zum Austausch von Tagesneuigkeiten treffen. Natürlich nicht nur in Paris, je nach Wetter sitzt oder steht man auch im übrigen Frankreich vor oder in den Cafés oder Bars und trinkt zwischendurch sein kleines Glas Rotwein. Als Imbiß sind einfache Gerichte wie »Sandwich au jambon« oder »au saucisson«, halbe Baguettes mit Schinken oder Rohwurst belegt und garniert oder verschiedene Omeletts beliebt.
Im Süden Frankreichs, in der Provence, kann man ebenso Sandwiches essen – origineller ist aber ein »Pan bagnat«. Das ist ein Riesenbrötchen mit Salat, Thunfisch, Zwiebeln, Oliven belegt und mit einer Salatsauce aus fruchtigem Olivenöl dick beträufelt, zu dem der gerade vorrätige Landwein am besten schmeckt. Oder zu einer »Pisalladière«, einem pizza-ähnlichen Brotfladen, mit Zwiebeln, Anchovis, schwarzen Oliven und Tomaten belegt.
Das Elsaß mit seiner 100 Kilometer langen Weinstraße und seinen mittelalterlichen Dörfern und Städtchen wie Riquewihr, Guebwiller oder Ribeauvillé mit Fachwerkhäusern und Weinstuben, die hier »Wystub« heißen, ist nicht nur im Herbst zur Zeit der Weinlese ein beliebtes Ziel. Eine besondere Spezialität des Elsaß ist der »Flammekueche«, ein einfacher Brotfladen, der mit Speck und dicker Sahne überbacken wird.
In manchen Restaurants werden riesige Bleche davon herumgetragen und jeder, der gerade Appetit hat, nimmt sich ein Stück davon zu seinem Edelzwicker, Riesling oder Sylvaner (Silvaner).

Osteria und Enoteca

In Italien, Weinland vom Norden bis in den Süden, findet man wohl die meisten Weinindividualisten der Welt. Überall werden Sie einen guten und einfachen Wein, einen »Vino da Tavola« oder einen »Vino Tipico«, einen Landwein finden. In einer Trattoria oder Osteria, traditionellen Gaststätten mit Wein vom Faß und kleiner, einfacher Küche, werden Sie fast immer einen der regionalen Landweine zu trinken bekommen, wenn Sie den »Vino da Pasto«, einfachen Tischwein, verlangen.

Beliebtes Ziel für alt und jung im Herbst ist Südtirol und das Trentino im Norden Italiens zum »Törggelen«. Denn Ende Oktober wird der Most zum neuen Wein. Man pilgert scharenweise zu den Gehöften, die mit grünen Zweigen an den Toren verkünden, daß Heuriger ausgeschenkt wird. Dazu werden dann heiße Maroni (Eßkastanien), frische Walnüsse, der berühmte Südtiroler Speck und das harte, würzige Schüttelbrot gegessen.

Eine Besonderheit in Italien sind die »Enoteca«. So heißen Vinotheken oder Weinprobierstuben, die in den Weinbaugebieten von regionalen Verwaltungen und Winzerkonsortien eingerichtet werden. Hier werden die besonderen Weine des Gebietes ausgestellt und ausgeschenkt. Sie können von den Besuchern probiert und meist günstig eingekauft werden.

Nicht nur die romantischen Fachwerkhäuser locken die Besucher nach Riquewihr. Die elsässische Stadt ist auch bekannt für ihren guten Wein.

Wein gehört in Frankreich überall dazu: Mittagspause auf der Place de la Liberté in Sarlat, Périgord.

Beim Heurigen, im Weinlokal oder wie hier im Weincomtoir: Der Schoppen Wein ist in Wien immer dabei.

Zum Heurigen ins Beisl

In Österreich haben die Wiener den jungen Wein zu einer Touristenattraktion gemacht, die sie aber selbst genauso schätzen: In ihren Beisln, urigen Weinlokalen, fließt der »Heurige«, der junge Wein, in Strömen durch die Kehlen der Durstigen. Vor allem der Kremser Grüne Veltliner ist gefragt, wobei der Abend bei wehmütiger »Schrammelmusik« und Alt-Wiener Spezialitäten oder Steirischer, Kärntner oder Böhmischer Hausmannskost oft lang werden kann. Wenn der Heurige auch nicht immer den Weinkenner begeistern mag, gut sind auf jeden Fall die Fleischgerichte, die Grundlage der Beislspeisekarten. Und nach dem Hauptgericht muß es noch eine Mehlspeis' sein, vorzugsweise Palatschinken oder ein Strudel..

Warum es am Rhein so schön ist

Deutschlands Weinstuben finden Sie in allen Weinbaugebieten, die sich vor allem an Flüssen entlangziehen: Am Rhein, vom Bodensee bis zur Ahrmündung, an der Mosel, am Main in Franken, an Saale und Unstrut im Osten. Beliebt ist eine Dampferfahrt auf Rhein und Mosel, vorbei an burgengekrönten Weinbergen, an mittelalterlichen Städtchen mit ihren Fachwerkhäu-

Treffpunkt für Weinfreunde von nah und fern ist die Drosselgasse in Rüdesheim.

sern und natürlich an den Weinorten mit Touristenschwärmen aus aller Welt. Vor allem Rüdesheim, zum Rheingau zählend, ist wegen seiner engen, mittelalterlichen Drosselgasse mit unzähligen Weinwirtschaften Anziehungspunkt Nummer 1. Dort gibt es nicht nur ein Weinmuseum, sondern auch noch die kleinen Gutsschänken, nur ein Stück von der Drosselgasse entfernt, wo einheimische und fremde Weinfreunde zusammensitzen. Echte Rheinländer bevorzugen die Weinstuben »ihrer« Winzer und die Straußenwirtschaften, die in anderen Weinregionen auch Strauß-, Buschen- oder Besenwirtschaften heißen. Grüne Sträuße oder »Buschen« kennzeichnen heute noch den Weinausschank von Winzern in Süddeutschland und Österreich. Besonders im Herbst, zur Zeit des neuen Weines, des »Federweißen« oder »Neien«, gibt es jede Menge Weinfeste. Je nach Region werden Zwiebelkuchen, geröstete Eßkastanien, Schmalzbrote, Laugenbrezeln, Speck oder deftige Würste dazu gegessen.

Tapa-Bars und »BYO«

Spanien ist ohne seine Bars nicht vorstellbar. Vor allem in Andalusien kann man die spanische Lebensart in ihrer unkompliziertesten und heitersten Art erleben: in einer Tapa-Bar. Tapas waren ursprünglich Brotscheiben, mit denen man sein Sherry-Glas abdeckte, um Fliegen abzuhalten. Heute sind Tapas kleine Appetithäppchen, bestehend aus Oliven, luftgetrocknetem Schinken aus Jabugo und Trevélez, pikanter Wurst, eingelegtem Gemüse, gebackenen Fischen und Krustentieren, geschmorten Fleischstücken und Innereien. Dazu trinkt man meist Sherry, am besten einen leichten, trockenen Fino mit dem typischen Mandelaroma. Jedes Weinland der Welt hat seine eigene Art entwickelt, ein Gläschen Wein zu einer willkommenen Unterbrechung des Tagesablaufs zu machen, es zu einem kleinen Imbiß zu genießen, dabei zu entspannen und zu plaudern. Die Aufzählung, wie Wein in den einzelnen Weinländern genossen wird, ließe sich beliebig fortsetzen. Vielleicht noch ein Sprung auf die Südhalbkugel der Erde, nach Australien und Neuseeland. Wenn Sie hier mit Freunden auf einen Drink gehen wollen, müssen Sie darauf achten, daß das Lokal »fully licensed« ist. Nur dann ist es zum Ausschank von Wein und anderen alkoholischen Getränken berechtigt. Nicht nur in den Bistros und Weinlokalen kann man heute einen Wein trinken, sondern auch im Pub danach verlangen. Wenn Sie aber Appetit haben und an einem Restaurant den Hinweis »BYO« finden, sollten Sie vorher einen »Bottle shop« aufsuchen (nur dort werden alkoholische Getränke verkauft) und eine Flasche Wein mit ins Lokal nehmen. Man wird Ihnen Flaschenöffner und Gläser dazu bringen, denn »BYO« bedeutet »Bring Your Own« – bringen Sie Ihren eigenen Wein mit.

Sherry und unzählige kleine Tapa-Spezialitäten serviert dieser andalusische Wirt den Besuchern seiner Bar.

Drei Buchstaben am Fenster australischer Lokale fordern die Gäste auf, ihren eigenen Wein mitzubringen: »BYO« (Bring Your Own). So kann der Wirt auf die teure Ausschanklizenz verzichten und seine Essenspreise niedrig halten.

Bruschetta

Aus den Abruzzen · Geht schnell

Knoblauchbrot mit Tomaten

Zutaten für 4 Portionen:
500–600 g reife Fleischtomaten
4 Knoblauchzehen
6 Scheiben Weiß- oder Bauernbrot
Salz
schwarzer Pfeffer, grob gemahlen
6 EL bestes Olivenöl (nativ extra)

Zubereitungszeit: 30 Min.

Pro Portion: 940 kJ/220 kcal

1 Die Tomaten mit kochendheißem Wasser überbrühen, häuten und die Stielansätze entfernen, Tomaten quer halbieren und entkernen, in kleine Würfel schneiden. Die Knoblauchzehen häuten und halbieren.

2 Die Brotscheiben halbieren und im Toaster (oder unter dem heißen Grill) rösten, sofort mit den Knoblauchzehen auf einer Seite einreiben. Die Tomatenwürfel darauf verteilen, mit Salz und Pfeffer würzen und mit dem Olivenöl beträufeln. Sofort servieren.

Info: Ursprünglich wurde die Bruschetta von den Olivenbauern »erfunden«, die ihr frisch gepreßtes, fruchtiges und naturtrübes Öl beim Pressen sofort probieren. Sie rösten derbes Sauerteigbrot am offenen Feuer, beträufeln es mit dem ungeklärten Olivenöl und streuen etwas Salz darüber. Köstlich zu einem fruchtigen Landwein. Dann wurde der bäuerliche Genuß verfeinert, es kamen Knoblauch und Tomaten dazu, oft wird auch noch mit gehacktem, frischem Basilikum gewürzt. Mit Olivenscheibchen und Sardellenstreifen wird es noch aufwendiger und pikanter.

Rillettes du Mans

Aus Frankreich · Braucht etwas Zeit

Enten-Schweine-Schmalz

Zutaten für 12 Portionen:
1 kg frischer Schweinebauch (nicht gepökelt oder geräuchert)
2 Entenkeulen (etwa 750 g)
1 Zwiebel
2 Gewürznelken
1 Zweig frischer oder getrockneter Beifuß
1 EL Salz
1 TL weißer Pfeffer, grob gemahlen
Zum Garnieren:
Petersilienblättchen

Zubereitungszeit: 1 Std. (+ 5–6 Std. Garen)

Pro Portion: 1700 kJ/400 kcal

1 Vom Schweinebauch die Schwarte abtrennen, zur Seite legen. Das Fleisch in etwa 1 cm große Würfel schneiden. Die Entenkeulen abwaschen, trockentupfen, das Fleisch von den Knochen ablösen und in Stücke zerteilen, die Knochen im Gelenk durchtrennen. Alles (mit Knochen und Schwarte) in einen Bräter füllen.

2 Die Zwiebel schälen und vierteln. Mit Nelken und Beifuß zum Fleisch geben, mit Salz und Pfeffer bestreuen, 1/4 l Wasser aufgießen und alles fest zugedeckt bei schwacher Hitze 5–6 Std. garen. Ab und zu nachsehen, ob das Fleisch weich ist und etwas Wasser nachgießen, wenn es verdampft ist.

3 Wenn das Fleisch zerfällt, den Topf vom Herd nehmen, Schwarte, Knochen, Zwiebel und Beifuß entfernen. Eine Tasse voll Fett abschöpfen und zur Seite stellen. Das Fleisch mit zwei Gabeln fein zerpflücken. Mit dem im Topf verbliebenen Fett nochmals etwa 15 Min. bei mittlerer Hitze unter Rühren erwärmen, bis Fleisch und Fett gleichmäßig vermischt sind. Heiß in Steinguttöpfchen füllen, abkühlen lassen.

4 Wenn die Masse erstarrt ist, das zur Seite gestellte Fett bei mittlerer Hitze schmelzen lassen und über die Rillettes gießen, Petersilie hineinlegen, Masse wieder erstarren lassen und mit Folie verschließen. Das Schmalz ist im Kühlschrank mindestens 2 Monate haltbar. Zu Baguette und leichtem Rotwein (Beaujolais Villages) servieren.

Zwiwwelkuche

Aus der Pfalz · Deftig

Zwiebelkuchen aus Hefeteig

Zutaten für 4 Portionen, für 1 Backblech:
400 g Mehl
1 Päckchen Trockenhefe
2 EL neutrales Pflanzenöl · Salz
1 kg große Gemüsezwiebeln
2 EL Butterschmalz
150 g durchwachsener Räucherspeck, ohne Schwarte, ersatzweise Kasseler
1 TL Kümmelsamen
weißer Pfeffer, frisch gemahlen
4 Eier
300 g Schmand (dicke saure Sahne), ersatzweise Crème fraîche
4 EL geriebener fester Käse (z.B. Bergkäse, Emmentaler, Parmesan)
Fett für die Form

Zubereitungszeit: 1 Std. (+ 30 Min. Backen)
Pro Portion: 4500 kJ/1100 kcal

1 Das Mehl in einer Schüssel mit der Hefe, Öl, 1 TL Salz und 1/4 l warmem Wasser zu einem Teig verrühren, mindestens 10 Min. kräftig kneten, etwa 1 Std. an einem warmen Platz zugedeckt gehen lassen.

2 Inzwischen die Zwiebeln schälen, halbieren und in etwa 1/2 cm breite Streifen schneiden. In einer Pfanne das Butterschmalz bei mittlerer Hitze schmelzen und die Zwiebelstreifen darin glasig dünsten. Den Speck in feine Streifen schneiden, mit Kümmel und Pfeffer zu den Zwiebeln geben und noch etwa 3 Min. andünsten. Den Backofen auf 210° vorheizen.

3 Die Eier mit Schmand und Salz verquirlen, den geriebenen Käse unterrühren. Das Blech ausfetten, mit Teig auslegen, einen Rand von etwa 2 cm hochziehen. Zwiebeln auf dem Teig verteilen, mit Eiersahne übergießen. Im heißen Ofen (Mitte; Umluft 190°) etwa 30 Min. backen. Warm servieren.

Info: Zwiebelkuchen heißt in der Pfalz und in Rheinhessen »Zwiwwelkuche« und wird hier mit Hefeteig bereitet, sonst oft mit Blätterteig. Warm gehört er zu jungem Wein, dem Federweißen oder »Neien« (Neuen).

Lomo en adobo

Aus Spanien · Würzig

Mariniertes Schweinefilet

Zutaten für 4 Portionen:
1 Schweinefilet (etwa 500 g)
Salz
schwarzer Pfeffer, frisch gemahlen
4 EL Olivenöl
3 Zweige frischer Thymian
5 Knoblauchzehen
80 ml trockener Sherry (Fino)
Saft von 1 Zitrone

Zubereitungszeit: 25 Min.
(+ 8 Std. Marinieren)

Pro Portion: 960 kJ/230 kcal

1 Das Schweinefilet mit Küchenpapier abtupfen und in fingerdicke Scheiben schneiden. Mit Salz und Pfeffer würzen.

2 In einer Pfanne die Hälfte des Olivenöls bei mittlerer Hitze heiß werden lassen, die Filetscheiben darin auf jeder Seite etwa 2 Min. anbraten, dann aus der Pfanne in eine flache Form heben. Den Thymian waschen, trockenschütteln, die Blättchen abzupfen, fein hacken und darüber streuen. Die Knoblauchzehen häuten, in feine Scheibchen schneiden und ebenfalls darüber streuen. Sherry, Zitronensaft und das übrige Olivenöl darüber träufeln, alles mit Folie abdecken und etwa 8 Std. im Kühlschrank marinieren.

3 Als Tapa kalt mit ofenwarmem Weißbrot zu trockenem spanischem Weißwein (z.B. einem Rueda) oder einem Sherry Fino servieren.

Variante: Fleischspieße
(Pinchos de cerdo)
Das Schweinefilet in große Würfel schneiden, mit Salz, Pfeffer und etwas Cayennepfeffer würzen, in eine Schale geben und mit 4 EL Olivenöl übergießen. Im Kühlschrank etwa 1 Std. marinieren. Fleischwürfel auf kleine geölte Holzspieße stecken und auf dem Grill oder in der Pfanne bei mittlerer Hitze in 10–12 Min. rundum braun braten. Mit Zitronenachteln servieren.

Blindverkostung nennen Profis eine Weinprobe, bei der die Weinflaschen verdeckt sind und sie die Herkunft des Weines nicht kennen.

Die Beurteilung eines Weines kann auch vom Glas abhängen, in dem er probiert wird. Profis bestehen auf einem sehr dünnwandigen, farblosen und absolut glatten Glas.

Weinproben beim Winzer und zu Hause

Eine Weinprobe dient, so die Meinung der Experten, nicht dem Genuß, sondern der Wissensbildung. Aber das muß man nicht zu eng sehen. Bei einer Verkostung, wie sie auch genannt wird, werden verschiedene Weine in kleinen Mengen probiert und miteinander verglichen. Das Ziel dieser Kostprobe kann ganz unterschiedlich sein. Z. B. könnten Sie bei einem Winzer in seiner Probierstube sitzen und seine Weine trinken, um herauszufinden, welcher Ihnen am besten schmeckt. Er wird Ihnen zunächst seine einfachen (und preiswerten) Sorten anbieten und dann zu den gehaltvolleren, höherwertigen übergehen, bis er schließlich bei den Spitzengewächsen angelangt ist. In der Regel stehen dabei ein Korb mit trockenem Weißbrot und ein Gefäß auf dem Tisch, in das Weinreste gegossen werden. Davon sollten Sie vor allem dann Gebrauch machen, wenn Sie mit dem Auto unterwegs sind.
Das Weißbrot dient dazu, zwischen den einzelnen Weinsorten den Geschmack zu neutralisieren, d. h., durch das Kauen die Geschmackseindrücke und Weinreste im Mund zu entfernen, um den nächsten Wein besser beurteilen zu können.
Die Winzer, viele Weingüter und Weinvermarkter veranstalten diese Weinproben oft umsonst oder verlangen eine Kostenpauschale dafür. Der Sinn dabei ist, daß Sie die Weine nicht nur probieren, sondern auch kaufen sollen. Die Neigung, einige Flaschen oder auch Kisten mitzunehmen, wächst erfahrungsgemäß mit der Menge an Wein, die getrunken wird. Erst beim Probieren zu Hause stellt sich heraus, ob man eine gute Wahl getroffen hat.
Deshalb sollten Sie bei solchen Weinproben systematisch vorgehen: Sehen Sie sich erst in Ruhe die Weinliste an und überlegen Sie, welche Sorten für Sie in Frage kommen. Sprechen Sie mit dem Winzer über Ihre Vorlieben und Ihre Vorstellungen, wie Ihr Lieblingswein schmecken soll. Und auch darüber, welche Preisgruppe Sie bevorzugen. Er wird Ihnen dann bestimmte Weine zum Probieren empfehlen. Geben Sie dazu offen und ehrlich Ihr Urteil ab, ohne seine Arbeit zu kritisieren. Nicht jeder hat den gleichen Geschmack wie Sie, und ein Wein, der Ihnen zu mild ist, kann für andere viel zu herb sein.

Eine Weinprobe zu Hause

Bei einer Probe im Freundeskreis soll es natürlich fröhlich zugehen. Aber Sie wollen nicht nur einige Flaschen aus dem Keller holen und trinken, sondern auch etwas lernen. Deshalb sollten Sie sich vorher überlegen, unter welchem Motto die Sorten zusammengestellt werden könnten. Das könnte z. B. das Thema »Rotweine verschiedener Länder« sein. Dafür sollten Sie vergleichbare Qualitäten von Rotweinen aus Frank-

reich, Italien, Spanien, Deutschland, Griechenland, Kalifornien, Afrika und Australien etwa eine Woche vorher besorgen. Wegen der zum Teil großen Transportwege sollte man die Weine im Keller ausruhen lassen und dann in undurchsichtiges Papier packen, so daß die Etiketten nicht zu sehen sind. Jede Flasche erhält eine deutlich sichtbare Nummer und jeder Verkoster ein Blatt Papier für Notizen.

Ob Sie nun für jeden Wein den Teilnehmern ein eigenes Glas hinstellen oder nacheinander die Sorten (immer nur ganz wenig) ausschenken, hängt von Ihrem Bestand an Gläsern und der Zahl der Gäste ab. Die Frage lautet: Aus welchem Land kommt welcher Wein? Da es keine Gewinner bei diesem Spiel geben muß, dürfen Sie sich natürlich laut über die einzelnen Weine unterhalten. Aber jeder sollte sein persönliches Urteil notieren und Noten nach Art der Schulzeugnisse verteilen. Diese »verdeckte Weinprobe«, die auch bei Experten sehr beliebt ist, zeigt den persönlichen Geschmack unabhängig von Namen oder Lagenbezeichnungen.

Ebenso interessant ist die Zusammenstellung von Weinen aus einem Anbaugebiet. Etwa die Rotweine der Toskana: ein Chianti Classico, ein Colli Fiorentini, ein Colli Aretini, ein Colli Senesi, ein Colline Pisane, ein Montalbano und ein Rufina, alle aus dem Chianti-Gebiet, dazu ein Vino Nobile de Montepulciano, ein Montescudaio und ein Carmignano, vielleicht auch ein »Vino da tavola« eines berühmten Winzers.

Oder die verschiedenen Weine, die aus einer Rebsorte wie der Chardonnay hergestellt werden: Chablis, Puligny-Montrachet, Meursault, Mâconnais, Chardonnay aus dem Trentino, aus Israel, Kalifornien, Chile, Australien, Neuseeland, Südafrika ... es gibt wirklich viele Möglichkeiten. Servieren Sie zu den Weinen Weißbrot, kleine Knabbereien, die zwischendurch gegessen werden, oder die kleinen Snacks, die wir Ihnen auf den Seiten 32–35 und 40–42 vorstellen.

Bei einer Weinprobe verschafft man sich praxisnah einen Überblick über das Angebot des Winzers.

Wichtige Kriterien bei der Weinprüfung sind, auch für die Kellermeister, Geschmack und Farbe des Weins.

Farbe, Geruch, Geschmack

Bei einer Weinprobe sind drei Sinne gefordert: Das Sehen, das Riechen und das Schmecken. Das Glas, das höchstens zu einem Drittel gefüllt ist, wird zuerst gegen das Licht gehalten, um die Farbe und die Klarheit des Weines zu beurteilen. Schon die Farbe verrät einiges: Ein Weißwein kann zartgelb, zartgrün, gelbgrün oder strohgelb sein. Je älter er ist, um so mehr geht die Farbe ins Goldgelbe über. Manche Weißweine sind dagegen fast farblos, hellfarbig oder wirken wäßrig – sie könnten durch intensive kellertechnische Behandlung ihren Charakter verloren haben.

Rotweine können dunkelrot, tiefrot, blaurot und sogar schwarzrot sein, ihre Farbe kann ins Violette oder ins Rotbraune spielen. Der Farbton hängt von der Traubensorte ab, aber auch vom Alter des Weines: Je älter ein Rotwein ist, desto heller wird seine Farbe und desto mehr spielt sie ins Orange, was besonders am Glasrand zu sehen ist. Rosé-Weine können von blaßrosa über korallenfarben bis zu violettrosa verschiedene Nuancen zeigen, wobei orange oder bräunliche Farbtöne bei zu alten Weinen auftreten.

Die Klarheit eines Weines ist ein wichtiger Hinweis. Er darf keine Trübung zeigen, die Oberfläche soll hell glänzen. Sieht er trübe oder matt aus, könnte das von einem »Depot« stammen: Bei alten Rotweinen verbinden sich Gerb- und Farbstoffe zu Flocken, die auf den Flaschenboden sinken, beim Schwenken der Flaschen aber aufgewirbelt werden können. Bei Weißweinen findet man gelegentlich helle Kristalle am Flaschenboden oder im Glas. Das ist Weinstein, kristallisierte Weinsäure, die den Geschmack nicht beeinflußt. Stammt die Trübung weder von einem »Depot« noch vom Weinstein, so liegt fast immer ein Fehler vor.

Wenn Sie den Wein im Glas schwenken, so bilden sich an der Wandung Schlieren, auch »Kirchenfenster« genannt. Je dicker diese Bögen sind und je langsamer sie nach unten laufen, desto gehaltvoller ist der Wein.

Der Duft ist eines der wichtigsten Kennzeichen. Weine weisen eine große Zahl von Aromen auf, die von den Beeren kommen, die sich bei der Gärung entwickeln, aus den Holzfässern stammen oder beim Reifen des Weins entstehen. Sie können aus allen möglichen Bereichen unserer Umwelt stammen: Sie duften nach Beeren und Blüten, nach Äpfeln und Pfirsichen, aber auch nach Gras oder Brotrinde, nach feuchter Walderde oder nach Leder. Grunddüfte beim Riesling sind zum Beispiel Pfirsich, Ginster, Minze, Rose und Mango. Beim Chardonnay Nüsse, Zitrusfrüchte, Vanille und Karamel. Beim Ruländer, Grauburgunder oder Pinot Grigio ahnt man Blüten, unreife Äpfel und Brotkruste.

Bei den Rotweinen steht meist ein Beeren- oder Früchteduft im Vordergrund: Schwarze Johannisbeeren, Brombeeren, Kirschen, Pflaumen, aber auch Pfeffer, Gewürznelken, Zimt oder Kaffeebohnen geben ihr Aroma dazu. Gerüche nach Essig, Sauerkraut, Käse oder saurer Milch entstehen, wenn der Wein nicht sauber vergoren ist oder beim biologischen Säureabbau.

Das letzte Kriterium bei der Weinprüfung ist der Geschmack. Nehmen Sie einen kleinen Schluck Wein in den Mund, und lassen Sie ihn darin herumrollen (durch lautstarkes Luftansaugen und Schlürfen zeichnet sich kein Weinkenner aus). Da die Zunge nur die Eindrücke süß, salzig, sauer und bitter unterscheiden kann, ist der Geschmack dem gleichzeitigen Mitwirken des Geruchssinns zu verdanken. Die Süße eines Weines hängt nicht allein vom Zuckergehalt ab, sondern auch Alkohol und Glyzerin, das während der Gärung entsteht oder schon in edelfaulen Trauben gebildet wird, schmecken süß. Salzig schmecken Weine eigentlich nie, wohl aber sauer. Ein guter Wein wird eine »ausgewogene« Säure zeigen. Sie bildet mit der Süße eine Einheit, gibt dem Wein die Frische und den Charakter. Eine zu deutliche Säure macht den Wein spitz, sauer, kratzig, grasig oder hart. Ein Wein mit zu wenig Säure dagegen ist matt, breit, fad, plump. Auch mit den Begriffen hübsch, nett, lieblich oder gefällig soll ausgedrückt werden, daß dem Wein etwas mehr Säure gut täte. Den bitteren Geschmack im Wein verursachen vor allem Gerbstoffe, die bei den Trauben in den Stielen, Häuten und Kernen sitzen. Sind die Beeren zu früh geerntet oder zu stark ausgepreßt worden, schmeckt der Wein bitter, hart oder grün. Die Gerbstoffe (Tannine) geben einem Wein aber auch Rückgrat und Körper, wenn sie nur leicht zusammenziehend, »adstringierend«, wirken. Die Gerbstoffe zeichnen alle guten Rotweine aus, die beim Altern harmonischer und runder werden.

Die abschließende Geschmacksempfindung beim Hinunterschlucken des Weines ist der sogenannte »Abgang«. Dieser Nachgeschmack kann lang oder kurz sein, der Schluck kann kratzen oder beißen oder eben jene Fülle von Aromen im Gaumen hinterlassen, die einen guten Wein auszeichnen.

Den Duft des Weins erkennt man, indem man das Glas langsam an die Nase führt, bis man die ersten Aromen erschnuppert. Danach hält man es wieder weit weg und atmet kräftig durch, damit sich die Nase nicht an den Geruch gewöhnt.

Die unterschiedlichen Farbtöne der Weine hängen von ihrem Alter und der Traubensorte ab, aus der sie gekeltert wurden.

Empanadas

Aus Spanien · Braucht etwas Zeit

Kleine gefüllte Teigtaschen

Zutaten für 20 Stück:
1 Paket tiefgekühlter Blätterteig (300 g) · 2 Eier
1/2 Bund glatte Petersilie
2 Zweige frischer Oregano
50 g luftgetrockneter Schinken (Serrano)
1 Sardellenfilet (in Öl eingelegt)
2 Schalotten oder 1 kleine Zwiebel
1 Knoblauchzehe
5 grüne Oliven ohne Stein
100–120 g Beefsteakhack (Tatar)
50 g saure Sahne · 4 EL Rotwein
1 EL Tomatenmark · Salz
schwarzer Pfeffer, frisch gemahlen
1 Msp. Cayennepfeffer
Mehl für die Arbeitsfläche
1 verquirltes Eigelb zum Bestreichen

Zubereitungszeit: 40 Min. (+ 20 Min. Backen)
Pro Stück: 390 kJ/93 kcal

1 Die Blätterteigplatten auftauen lassen. Inzwischen 1 Ei in etwa 8 Min. hart kochen. Petersilie und Oregano waschen, trockenschütteln, Blättchen abzupfen und fein hacken. Schinken und Sardellenfilet fein würfeln. Die Schalotten oder Zwiebel schälen, Knoblauch häuten, beides fein hacken. Die Oliven fein würfeln. Das Ei kalt abschrecken, pellen und fein hacken.

2 Alles mit Hackfleisch, dem rohen Ei, saurer Sahne, Rotwein und Tomatenmark, Salz, Pfeffer und Cayennepfeffer zu einer glatten Masse vermischen.

3 Den Backofen auf 200° (Umluft 180°) vorheizen. Die Teigplatten einzeln auf einer leicht bemehlten Arbeitsfläche zu etwa 20 x 20 cm großen Quadraten ausrollen, einmal quer und einmal längs in vier kleine Quadrate teilen.

4 Auf jedes Quadrat etwas von der Hackmasse geben, zu einem Dreieck zusammenfalten und die Ränder mit einer Gabel rundum festdrücken. Dreiecke mit Eigelb bestreichen.

5 Ein Backblech kalt abspülen, die Teigtaschen darauf setzen und im Ofen (Mitte) etwa 20 Min. backen, bis sie schön gebräunt sind. Heiß oder kalt servieren.

Info: Empanadas sind eine feine Knabberei zu spanischem Rotwein oder können als Vorspeise serviert werden.

Flammekueche

Herzhaft · Gelingt leicht

Elsässer Teigfladen mit Zwiebeln und Speck

Zutaten für 4 Portionen:
400 g Mehl
3 EL neutrales Pflanzenöl
1 TL Salz · 2 Eigelb
neutrales Pflanzenöl zum Bestreichen · 300 g Zwiebeln
350 g durchwachsener Speck, ohne Schwarte
Mehl für die Arbeitsfläche
200 g Crème fraîche
1/2 TL schwarzer Pfeffer, grob gemahlen
außerdem:
Klarsichtfolie oder Pergamentpapier
Backpapier

Zubereitungszeit: 20 Min. (+ 25 Min. Backen)

Pro Portion: 5100 kJ/1200 kcal

1 Das Mehl in eine Schüssel sieben, in die Mitte eine Mulde drücken und Öl, Salz, Eigelbe und 200 ml Wasser hineingeben. Alles verrühren und gut durchkneten, bis sich der Teig vom Schüsselrand löst. Teig zu einer Kugel formen, mit Öl bestreichen und in Folie oder Pergamentpapier wickeln. Etwa 30 Min. kühl stellen.

2 Inzwischen die Zwiebeln schälen und in dünne Scheiben schneiden. Den Speck fein würfeln.

3 Nach der Kühlzeit des Teiges den Backofen auf 220° (Umluft 200°) vorheizen. Den Teig nochmals durchkneten und auf einer bemehlten Arbeitsfläche zu einer ovalen Teigplatte ausrollen. Dann auf ein mit Backpapier ausgelegtes Blech geben und mit Crème fraîche bestreichen.

4 Die Zwiebeln und den Speck darauf verteilen und mit Pfeffer bestreuen. Flammekueche im Backofen (Mitte) 20–25 Min. backen, bis die Oberfläche schön gebräunt ist. Heiß servieren.

Info: In den Weinlokalen im Elsaß wird der Flammekueche auf großen Blechen durch das Lokal getragen und jeder nimmt sich seine Portion je nach Appetit.

Pinzimonio

Aus Italien · Gelingt leicht

Rohes Gemüse mit gewürztem Olivenöl

Zutaten für 6 Portionen:
12 zarte lange Möhren
3 gelbe Paprikaschoten
1 Staudensellerie
2 Fenchelknollen
150 ml bestes Olivenöl (nativ extra)
Salz
schwarzer Pfeffer, grob gemahlen

Zubereitungszeit: 30 Min.

Pro Portion: 1300 kJ/310 kcal

1 Das Gemüse waschen, die Möhren schälen und der Länge nach halbieren oder vierteln. Paprikaschoten halbieren, putzen und längs in Streifen schneiden. Vom Staudensellerie die Stangen ablösen, die Enden glattschneiden und die harten Fäden abziehen.

2 Die Fenchelknollen putzen und längs achteln, den Strunk so ausschneiden, daß die Blätter noch zusammenhalten. Das Gemüse in einer Schüssel (eventuell auf Eiswürfeln) anrichten.

3 Für die Sauce das Olivenöl mit Salz und grob gemahlenem Pfeffer würzen und in Portionsschälchen verteilen. Das Gemüse wird am Tisch in das gewürzte Öl gestippt.

Variante: Natürlich paßt jedes knackigfrische Gemüse dazu, zum Beispiel Zucchini- und Kohlrabistreifen, Lauchzwiebeln, Gurken und Tomaten.

Info: »Pinzimonio« heißt die Sauce aus bestem Olivenöl, Salz und Pfeffer. In den einfachen Weinwirtschaften Sardiniens wird sie im Winter, wenn der Jungwein probiert wird, zu Wein und zartem frischen Fenchel serviert. Diese gesunde Rohkost eignet sich bestens für eine unkomplizierte Weinprobe.

Spundekäs' mit Gequellte

Vom Rhein · Gelingt leicht

Angemachter Quark mit Pellkartoffeln

Zutaten für 4 Portionen:
2 Eier
650 g trockener Magerquark, ersatzweise Frischkäse
2 kleine Zwiebeln
1 Knoblauchzehe
Salz
weißer Pfeffer, frisch gemahlen
1 dickes Bund Schnittlauch
eventuell etwas Sahne
1,5 kg Kartoffeln, mehlig-festkochend

Zubereitungszeit: 20 Min. (+1 Std. Kühlen)

Pro Portion: 1800 kJ/430 kcal

1 Die Eier mit Wasser bedeckt in etwa 8 Min. hart kochen, kalt abschrecken und pellen. In kleine Würfel hacken. Den Quark in eine Schüssel füllen und mit den Eiern vermischen. Die Zwiebeln schälen, Knoblauch häuten und beides fein würfeln. Dann unter den Quark mischen, mit Salz und Pfeffer pikant abschmecken.

2 Den Schnittlauch waschen, trockenschütteln und in feine Röllchen schneiden, unter den Quark rühren. Wenn die Masse zu bröckelig ist, mit etwas Sahne cremiger machen (sie soll aber noch fest bleiben). Diesen Spundekäs' in einen Topf (möglichst aus Steingut) füllen, mindestens 1 Std. kühl stellen.

3 Die Kartoffeln gründlich waschen und bürsten, in einem Topf mit Salzwasser halb bedecken und aufkochen. Bei schwacher Hitze zugedeckt etwa 25 Min. garen. Die Kartoffeln abgießen, ausdampfen lassen, in eine Schüssel füllen und mit dem Spundekäs' servieren.

Info: Eine deftige Spezialität von der Pfalz und aus Rheinhessen zum Weißwein: »Spundekäs'« oder »Weißer Kees« wird ein fester Quark genannt, der mit Eiern, Zwiebeln und Gewürzen angemacht und im Steinguttopf serviert wird. Dazu essen die Pfälzer mehlige »Grumbeere« (Kartoffeln), die beim Kochen aufplatzen und den Quark gut aufnehmen. Die Kartoffeln pellt sich jeder selbst, sie können aber auch mit Schale gegessen werden.

In Chablis weisen Schilder den Weg zum nächsten Winzer.

Bei vielen Winzern kann man Weine probieren, miteinander vergleichen und direkt kaufen.

Wein einkaufen

Je nachdem, wie nahe oder wie weit entfernt das nächste Weinbaugebiet ist, haben Sie verschiedene Möglichkeiten, Wein einzukaufen. Sehr viele Flaschen werden von den Winzern direkt vermarktet, d. h., die Kunden kommen zu ihnen, probieren die Weine und nehmen sie gleich mit. Das hat für den Winzer den Vorteil, daß er sich die Transport- und Vermarktungskosten spart, und für Sie, daß die Weine im Direktverkauf meist günstiger sind als bei anderen Einkaufsquellen.

Allerdings bietet nicht jede Weinkellerei die Möglichkeit des Direktbezugs. In Frankreich ist der Besuch berühmter Châteaux meist nur unter bestimmten Voraussetzungen möglich. Bei manchen muß man sich vorher anmelden oder sich an bestimmte Besuchstermine halten. Über Besichtigungsmöglichkeiten informieren kann man sich beispielsweise im Weinhaus im Stadtzentrum von Bordeaux. Für das Burgund ist die Stadt Beaune Weinhandelszentrum. Die großen Weinfirmen haben hier ihren Sitz, und ihre Keller können besucht werden. Große Weingüter in Italien und Spanien verweisen an den nächsten Händler. Besonders kritisch sollten Sie sein, wenn große Schilder zur Verkostung einladen – angesehene Weingüter haben diese Reklame selten nötig. Wenn Sie sich ernsthaft für die Weine eines Erzeugers interessieren, so fragen Sie vorher (schriftlich oder telefonisch) an, ob und zu welchen Zeiten ein Besuch möglich ist.

Besuch beim Winzer

Besonders in Deutschland ist es allerdings zum regelrechten Freizeitvergnügen geworden, »seinen« Winzer aufzusuchen, um dort Weine zu kaufen. Aber auch hier sollten Sie vorher Ihren Besuch ankündigen und sich nicht zu den Zeiten mit Wein eindecken wollen, wenn es im Weinberg gerade viel zu tun gibt. Ein guter Zeitpunkt ist das späte Frühjahr, dann ist der neue Wein meist auf Flaschen abgefüllt, und Sie können am besten über Preise verhandeln. Vor allem die engagierten Jungwinzer sehen oft nicht mehr ein, warum sie ihr Traubengut für wenig Geld an Kellereien abliefern sollen, bauen den Wein selbst aus und verkaufen ihn direkt an ihre Kunden. Für Sie hat das einige Vorteile: Sie können sich mit dem Erzeuger unterhalten, lernen viel über den Weinbau und die Kellertechnik und werden ein ganz anderes Verhältnis zum Wein bekommen. Wenn Sie sich aufmerksam beim Winzer umsehen, können Sie sich auch ein Bild über die äußeren Bedingungen machen, unter denen der Wein hergestellt wurde. Ob der Hof sauber und gepflegt aussieht, in

Im Handel findet der Kunde eine große Auswahl guter Weine.

welchen Fässern oder Tanks der Wein ausgebaut wird, vielleicht auch, wie der Winzer seinen Weinberg pflegt. Wenn die Stöcke kurz gehalten, sauber beschnitten und gebunden sind, wenn der Boden gepflegt oder begrünt ist, so deutet das auch auf eine sorgfältige Weinbehandlung hin.

Wein vom Handel

Der meiste Wein wird im Lebensmittelhandel gekauft. Das kann ein Supermarkt sein oder ein Discounter, ein kleiner Lebensmittelladen oder ein Feinkostgeschäft. Jeder bietet ein spezielles Sortiment, das sich an den Kundenwünschen orientiert. Dabei ist der Lebensmittelhandel oft besser als sein Ruf. Weintester stellen immer wieder fest, daß sich selbst unter den preiswerten Angeboten gute Weine finden lassen, und sogar Discounter haben Weine für jeden Tag im Sortiment, die gut und preiswert sind. Am besten ist es natürlich, wenn Sie den Wein vor dem Kauf probieren können. Diese Möglichkeit bieten die Fachgeschäfte und Weinhandlungen, bei denen Sie »wie beim Winzer« die Weine probieren können. Achten Sie besonders auf Aktionswochen und spezielle Weinproben, bei denen Sie die unterschiedlichen Weine eines Anbaugebietes kennenlernen können und noch viele Informationen zu den einzelnen Weinen erhalten. Seien Sie bei aller Begeisterung für einen Wein trotzdem zurückhaltend. Nehmen Sie nur ein oder zwei Flaschen davon mit und probieren Sie sie in Ruhe noch einmal zu Hause. In der gewohnten Umgebung stellt sich dann oft heraus, daß der Wein anders schmeckt. Schließlich werden Sie den Wein ja auch daheim trinken wollen. Erst wenn er diese zweite Probe besteht, können Sie eine größere Menge bestellen. Aber zögern Sie nicht zu lange, denn gerade solche Aktionsweine sind nur kurze Zeit und in begrenzter Menge verfügbar.

Eine griechische Bäuerin bietet ihren Wein an.

Was das Etikett verrät

Für viele ist das Etikett auf einer Weinflasche ein Buch mit sieben Siegeln. Auch wenn es schwer zu lesen ist, enthält es einige Angaben, an denen Sie erkennen, um was für einen Wein es sich handelt. Außer der Herkunft – dem Weinberg oder dem Weingut – stehen auf dem Etikett meist das Erntejahr, der Alkoholgehalt (in Volumen-Prozent) und die Füllmenge. Dazu eine Angabe, um welche Qualität es sich handelt. In allen EU-Ländern gelten heute ähnliche Regeln, wobei die Stufen von einfachen »Tafelweinen« (Frankreich: Vin de Table; Italien: Vino da Tavola) über »Landweine« (Frankreich: Vin de Pays) zu den Qualitätsweinen (Q.b.A. = Qualitätswein bestimmter Anbaugebiete; Frankreich: AO = Appellation d'Origine oder VDQS = Vin Délimité de Qualité Supérieure; Italien: DOC = Denominazione di Origine Controllata) bis zu den höchsten Qualitäten (Spätlese, Auslese; Frankreich: AOC = Appellation d'Origine Contrôlée; Italien: DOCG = Denominazione di Origine Controllata e Garantita) reichen.

Für den Wein selbst ist eine Geschmacksangabe, die man (nicht zwingend) auf Flaschen finden kann, oft aussagekräftiger: »Trocken« sind herbe Weine mit geringer Süße, die gut zum Essen passen (fr.: »Sec«; it.: »Secco«, »Asciutto«). »Halbtrocken« (fr.: »Demi-Sec«; it.: »Abbocato«) bis »Mild« oder »Lieblich« (fr.: »Doux«, »Moelleux«; it.: »Amabile«, »Dolce«) zeigt zunehmende Süße. Steht keine derartige Angabe auf der Flasche, so sind deutsche Weine in aller Regel lieblich bis süß, Weine aus Frankreich, Italien und anderen Weinländern (die auch dort auf Flaschen gefüllt worden sind) im Normalfall herb und trocken.

Während man sich nach einigen Flaschen »Beaujolais« oder »Soave«, »Chablis« oder »Rioja« schon in etwa vorstellen kann, wie ein solcher Wein schmeckt, ist das bei deutschen Weinen keineswegs so. Ein Wein von der Mosel kann ein exzellenter, herb-trockener, spritziger und fruchtiger Wein sein, aber auch ein belangloser, neutraler, zuckrig-süßer Trank. Selbst wenn er ein Prädikat wie »Spätlese« trägt. Deshalb gibt es immer mehr Markenweine, die mit einem einprägsamen Namen und Etikett in den Handel kommen und durch die Mischung verschiedener Weine einen standardisierten Geschmackstyp verkörpern. Bei diesen Weinen hilft wieder nur Probieren,

Wissen, worauf es ankommt: Mit etwas Übung kann jeder edle Tropfen schon am Etikett erkennen.

Auf diesem Etikett sind alle wichtigen Angaben wie Herkunft, Erntejahr, Qualität und Rebsorte angegeben.

denn die Spannbreite ist groß. Allerdings: Wenn Sie einmal einen Markenwein gefunden haben, der Ihnen schmeckt, so haben Sie die Gewähr, beim Nachkauf selten enttäuscht zu werden.

Eine relativ junge Weinbezeichnung ist in Deutschland das »Hochgewächs«, womit nun aber nicht die höchste Qualitätsstufe bezeichnet wird, sondern ein Wein, dessen Trauben etwas reifer waren als für einen »Qualitätswein bestimmter Anbaugebiete« (Q.b.A.) nötig. Darüber folgen die Stufen Kabinett, Spätlese, Auslese, Eiswein, Beerenauslese und Trockenbeerenauslese. Für jede Stufe gilt ein bestimmtes »Mindestmostgewicht«, das ist der natürliche Zuckergehalt, den die Trauben bei der Ernte mitbrachten. Dieses Mostgewicht wird in Grad Öchsle angegeben, einer Skala, die den Zuckergehalt im Traubensaft anhand seines spezifischen Gewichtes bestimmt.

Was der Jahrgang sagt

Eine alte Regel sagt: »Achte auf den Jahrgang.« Aber sie stammt aus einer Zeit, in der junge Weine noch rauh und oft weniger bekömmlich waren. Erst mit den Jahren wurden sie rund und fein. Heute werden mit moderner Kellertechnik Weine erzeugt, die schon bald nach der Abfüllung trinkbar sind. Allerdings ist die Reife der Trauben in den Gebieten, die jährlich schwankendem Klima ausgesetzt sind, nicht jedes Jahr gleich. Je weiter nördlich sie liegen (auf der Nordhalbkugel), um so mehr Einfluß nimmt der Jahresgang des Wetters auf den Wein. Besonders im nördlichen Europa spricht man von »guten« und »weniger guten« Jahren, je nachdem, wie reichlich die Ernte war und in welchem Reifestadium die Trauben eingefahren werden konnten. In Bordeaux galten z. B. die Jahre von 1988–1990 als sehr gute Jahre, die darauffolgenden fielen dagegen ab.

Das kann aber für den einzelnen Wein ganz anders aussehen, denn ein geschickter Winzer kann auch in ungünstigen Jahren noch einen guten Wein erzeugen, wenn er seine Reben sorgfältig pflegt und im Sommer rechtzeitig ausdünnt, so daß er an jedem Stock nur wenige Trauben ausreifen läßt. Diese enthalten dann den Zucker und die Fülle von Inhaltsstoffen, die sich sonst auf viele Trauben verteilen würden. Wer frische, leichte Weine bevorzugt, findet diese häufiger bei den »kleinen« Jahrgängen.

Die südlichen Weinbaugebiete und die der Neuen Welt sind von »schlechten« Jahren kaum betroffen. Dort ist die Witterung weitaus beständiger, und die Trauben kommen immer zur gewünschten Reife. Nicht die Natur, sondern die Geschicklichkeit des Winzers läßt in diesen Regionen einen besonderen Wein entstehen. Bei Markenweinen ohne Jahrgang werden verschiedene Grundweine gemischt, so daß immer ein ähnlicher Geschmack erhalten bleibt.

Aus der Würzburger Einzellage Stein stammt dieser Riesling.

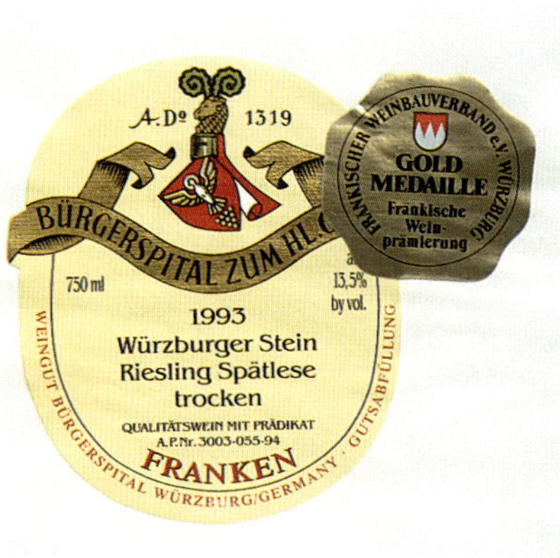

Einen württembergischen Einzellagenwein aus der Rotweinrebe Trollinger zeigt dieses Etikett.

Ein beliebter Rebsortenwein des Elsaß ist der Gewürztraminer.

Rebsorten-Weine

Sich mit sortenreinen Weinen näher zu beschäftigen, lohnt sich, denn dann zeigt ein Blick auf das Etikett Ihnen schon, was für einen Weintyp Sie vor sich haben. Und die Tendenz geht inzwischen dahin, immer mehr Weine aus nur einer Rebsorte auf Flaschen zu füllen als früher.

Weißweine aus einer Rebsorte:

Chardonnay

Die Trauben reifen früh, entwickeln hohe Zucker- und Extraktgehalte und haben noch kräftige Säure, wenn sie rechtzeitig geerntet werden. Der Charakter der Weine kann extrem unterschiedlich sein, sie sind aber fast immer gut und gehaltvoll. Berühmteste Chardonnays: Chablis, Meursault, Puligny-Montrachet.

Gewürztraminer

Er gedeiht vor allem in kühleren Gebieten und bringt die kräftigsten, aromatischsten Weine der Welt hervor.

Müller-Thurgau

Die Weine aus der Kreuzung von Riesling und Silvaner sind leicht, weich und gefällig.

Pinot Blanc (Weißburgunder)

Neutrale Rebsorte, aus der meist trockene, anspruchslose Weine gekeltert werden. Weine aus kühlen Regionen haben manchmal eine an Äpfel und Stahl erinnernde Säure, sonst mittelkräftig mit mäßiger Säure.

Pinot Gris (Ruländer, Grauburgunder)

In guten Lagen ergibt diese Rebsorte einen körperreichen, runden und vollmundigen Wein, der zwar wenig Aroma, aber viel Fülle und Geschmack aufweist und sich als Begleiter zu vielen Gerichten eignet.

Riesling

Der Riesling ist eine würzige Traubensorte, deren Weine höchst unterschiedlichen Charakter haben können. Von einfachen Alltagsweinen bis hin zu den hochwertigsten Beeren- und Trockenbeerenauslesen reicht die Spanne. Typisch ist seine kernige Säure, die auch bei edelsüßen Weinen noch erhalten bleibt und die bei einfachen, trockenen Riesling-Weinen gewöhnungsbedürftig ist.

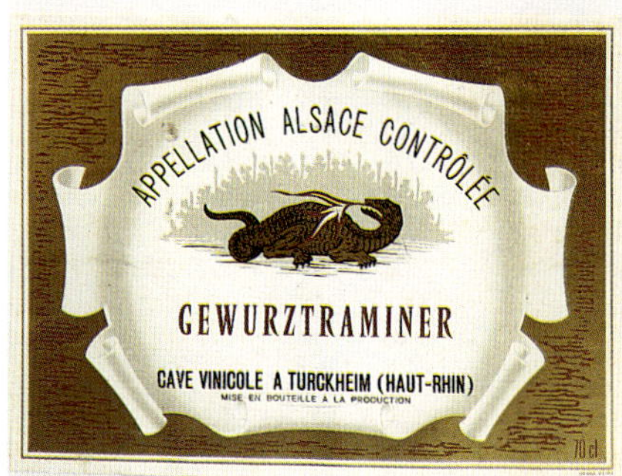

Sauvignon Blanc
Diese aromatische Traubensorte ergibt unkomplizierte, frische, knackige Weine, die meist trocken ausgebaut werden. Besonders von der Loire, aber auch aus den kühlen Regionen Neuseelands kommen lebendige, pikante Weine.

Sémillon
Die Weine sind meist trocken, doch sie können, im Eichenfaß gereift, fast lieblich wirken. Meist wird er Sauvignon-Blanc-Weinen zugesetzt, um ihnen Gewicht und Statur zu geben. Die berühmtesten sind die süßen Weine von Sauternes und Barsac.

Silvaner
Schlichte, unkomplizierte Rebsorte, typisch für Deutschland, das Elsaß und Südtirol. Die Weine sind meist kräftig und säurefrisch, mit neutralem Duft. Die besten Silvaner kommen aus Franken, Rheinhessen und Baden.

Rotweine aus einer Rebsorte:
Cabernet Sauvignon
Höchstgeschätzte Rotweintraube der Welt. Im Médoc und in Graves bringt sie nicht nur Château Latour, Mouton-Rothschild und ähnliche große Weine (allerdings im Verschnitt) hervor, sondern auch in der Toskana (als Vino da Tavola!), in Kalifornien und Australien. Charakteristisch sind Duft und Geschmack nach schwarzen Johannisbeeren, allerdings auch ein hoher Gerbstoffgehalt, der erst durch Lagerung weich und geschmeidig wird.

Gamay
Die Rebsorte des Beaujolais. Ergibt einfache, frische und enorm fruchtige Weine, die man – außer Beaujolais-Villages – sehr jung trinken sollte. Gamay-Weine gibt es auch von der Loire, aus der Türkei (Villa Doluca) und aus Kanada.

Merlot
Guter Merlot ist fruchtig und voll, schmeckt saftig, samtig und nach Pflaumen. Die Weine enthalten weniger Gerbstoff, daher sind sie mild und früher genußreif als beispielsweise Cabernet Sauvignon. Sortenreine Merlots findet man in Oberitalien bis in die Schweiz (Tessin), in Osteuropa, in Kalifornien und Australien.

Pinot Noir (Blauer Spätburgunder)
Die Weinrebe des Burgunds, wo sie in guten Jahren Spitzenweine hervorbringt, die erst nach Jahren das typische blumige und animalische Bukett bilden, das ihren Ruf begründet hat. Meist sind Pinot-Noir-Weine aber frisch, beerenfruchtig und jung zu trinken. Reine rote Spätburgunderweine findet man aus vielen Ländern, doch die besten kommen noch immer aus dem Burgund, wenn auch die kühleren Weinbauregionen der USA mittlerweile zu einer ernsthaften Konkurrenz heranwachsen.

Syrah, Shiraz
Eine der großen Rotweinreben der Welt, die vor allem in Frankreich (Rhônetal) und in Australien als Shiraz kraftvolle, dichte Weine hervorbringt, die den besten Bordeauxweinen nicht nachstehen. Andererseits auch würzige, pfeffrige Alltagsweine mit dem Aroma von Himbeeren und Pflaumen. Oft wird sie mit Cabernet gemischt, was ihr noch mehr Rasse gibt.

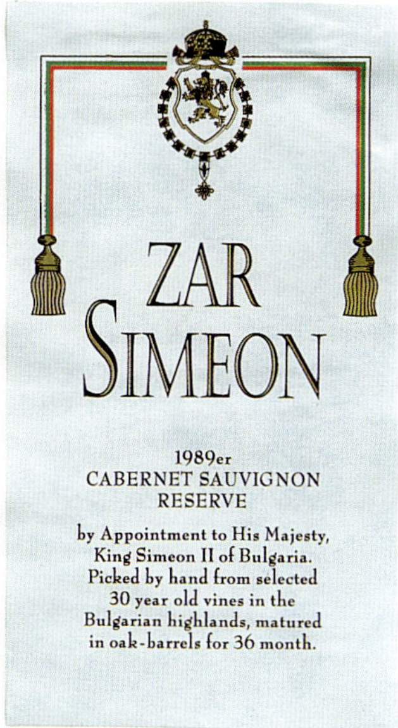

Ein bulgarischer Rotwein aus Cabernet Sauvignon.

Hocharomatisch und füllig sind die Tessiner Merlot-Weine, wobei die besten auf den Etiketten mit »Viti« gekennzeichnet sind.

Wein soll immer liegend gelagert werden, damit der Korken nicht austrocknet.

Uralte, in feuchten Kellern gelagerte Flaschen sind oft von einer Schimmelschicht bedeckt.

Wein lagern

Die meisten Weine, die Sie heute kaufen, sind so ausgebaut und vom Erzeuger bereits gelagert, daß sie gleich zu trinken sind. Kaum ein moderner Wein hält länger als 10 Jahre. Trotzdem gibt es Gründe, sich einen Vorrat in den Keller zu legen. Von dem Wein, der Ihnen jetzt besonders schmeckt, gibt es nur eine begrenzte Menge, dann kommt der nächste Jahrgang. Also könnten Sie sich davon gleich einige Kisten holen. Bedenken Sie aber: Der Geschmack wandelt sich ziemlich schnell. Wovon Sie gerade noch hellauf begeistert waren, kann Ihnen nach einigen Flaschen schon langweilig erscheinen. Vor allem, wenn Sie immer den gleichen Wein trinken. Am besten lassen Sie dann die restlichen Flaschen einfach eine Zeitlang liegen. Bei anderer Gelegenheit schmeckt er Ihnen wieder.

Etwas anderes sind die großen und teueren Weine aus dem Bordeaux oder aus Kalifornien. Hier bestimmt vor allem die Rebsorte Cabernet Sauvignon mit dickschaligen Beeren und großen Kernen den Charakter. Solche Beeren geben viel Gerbsäure an den Wein ab, zusätzlich werden die Spitzengewächse noch in Eichenholzfässern ausgebaut, was zusätzlich Gerbstoff einbringt. Diese Weine sind nach dem Abfüllen in Flaschen so herb, daß man das Gefühl hat, der Gaumen wird taub. Sie sind erst trinkbar, wenn sie etwa ein Jahrzehnt unter günstigen Bedingungen gelagert wurden. Dann verbinden sich die Holz- und Gerbstoffe mit dem reichen Beeren- und Früchtearoma zu dem Genuß, den der Preis der Flaschen verspricht.

Sie können natürlich auch gleich einen älteren Jahrgang kaufen – der ist aber weitaus teurer als ein junger, weil die Lagerung bezahlt werden muß. Allerdings: Um jugendliche Spitzenweine beurteilen zu können, bedarf es sehr großer Erfahrung. Haben Sie vor, einen teuren Wein zum Lagern zu kaufen, so holen Sie den Rat eines Experten ein. Listen mit guten und weniger guten Jahrgängen helfen oft nicht weit.

Der Keller

Immer wieder heißt es, der Wein solle in einem kühlen Keller lagern. Doch in vielen Häusern gibt es die nicht mehr. Wichtiger als die Kühle ist aber, daß die Temperatur wenig schwankt und die Luft nicht zu trocken ist, damit die Korken nicht austrocknen (60–70% Luftfeuchte). Deshalb sollen die Flaschen auch liegen und nicht stehen, damit der Wein von innen den Korken feucht hält. Ausnahme: Schaumweine und Champagner, deren Korken speziell behandelt sind und die beim Liegen mürbe werden können. Haben Sie einen geeigneten Kellerraum, so können Sie dort die Kisten lagern oder sich ein Weinregal bauen (gut sind wärmeausgleichende Tonröhren). Vergessen Sie nicht die Beschriftung auf den Kisten oder am Regal, damit Sie beim Suchen nicht jedesmal die Flaschen herausnehmen müssen. Aufwendigste Lösung bei ungeeigneten Kellern ist ein spezieller Wein-Klimaschrank (kein ausgemusterter Kühlschrank!) oder gar ein klimatisierter Raum. Doch das ist nur notwendig, wenn Sie sehr wertvolle Weine über Jahre aufheben wollen. Im Normalfall genügt auch ein nach Norden gelegenes, ungeheiztes Schlafzimmer, um den Vorrat für ein Jahr zu lagern.

Das Kellerbuch

Ob Schulheft oder ledergebundenes Buch, die Notizen, die Sie darin machen, werden Ihnen auf dem Weg zum Weinkenner viel nützen. Notieren Sie darin jeden Wein mit dem Platz, an dem Sie ihn verstaut haben und die Anzahl der Flaschen. Wichtig sind die Angaben über den Winzer oder Erzeuger: wo und wann haben Sie den Wein gekauft und was hat er gekostet.

Nach jeder Weinangabe lassen Sie genügend Platz – zwei Seiten für jede Sorte. Wenn Sie dazu noch ein abgelöstes Etikett kleben, können Sie sich noch besser an den Wein erinnern. Darunter kommen jeweils die Notizen, wann Sie eine Flasche getrunken haben und eine genaue Beschreibung der Geruchs- und Geschmackseindrücke dabei. Schreiben Sie dazu auch zusätzlich noch auf, zu welchem Essen Sie den Wein getrunken haben, ob er Ihnen dazu geschmeckt hat oder ob Sie sich einen anderen besser hätten vorstellen können.

Auch wenn Sie einen Wein längere Zeit lagern wollen, sollten Sie alle ein oder zwei Jahre eine Flasche davon probieren, um zu entscheiden, ob er noch gelagert werden kann oder ob er bereits seinen Höhepunkt überschreitet. Dann ist es sinnvoller, ihn zu trinken, als zu einem besonderen Ereignis einen umgestandenen, also schlechter als besser gewordenen Wein vorzufinden, der nicht mehr schmeckt oder gar ungenießbar ist.

Wer seinen Wein nur kurzfristig oder einen Vorrat für ein Jahr lagern will, braucht kein Kellergewölbe. Es reicht ein unbeheiztes, nach Norden gelegenes Zimmer.

Einfachen Weinen schadet die Erschütterung beim Einkauf nicht, sie können sofort getrunken werden. Edle Tropfen sollten dagegen Zeit zum »Ausruhen« bekommen.

Von der Flasche ins Glas

Früher sagte man, ein Wein soll zwei Wochen nach dem Einkauf ruhen, damit er sich von der Erschütterung erholen kann. Vergessen Sie solche alten Ratschläge getrost, sie galten zu einer Zeit, als die Weine noch nicht so blitzblank und steril gefiltert wurden wie heute. Kaum einem Wein macht es etwas aus, wenn er gleich nach dem Einkauf getrunken wird, er wird nicht »zerschlagen« schmecken.

Was ruhen sollte

Es gibt allerdings einige wenige Ausnahmen: Wertvolle ältere Rotweine können im Lauf der Zeit ein »Depot« absetzen, Flocken aus Farb- und Gerbstoffen, die beim Transport wieder aufgewirbelt werden und den Wein trübe und unausgeglichen im Geschmack machen. Solche edlen Tropfen müssen auf jeden Fall einige Tage ruhig liegen, bis sie sich wieder beruhigt und geklärt haben.

Auch Weine, die Sie von einem Urlaub mitgebracht haben, können nach dem Transport ganz anders schmecken, als Sie es in Erinnerung haben. Einerseits kann das der Fall sein, wenn die dortigen Winzer noch nach einfachen, alten Methoden arbeiten, ein solcher Wein ist nicht so transportfähig wie ein modern ausgebauter. Oft liegt es aber auch daran, daß sich die Urlaubsstimmung nun mal nicht im Wein mitnehmen läßt. Die äußeren Bedingungen wie Klima, die neue Umgebung und das andere Essen tragen dazu bei, wie der Geschmack eines Weines empfunden wird. So kann es geschehen, daß er zu Hause eben ganz anders schmeckt.

Der Jahresgang

Etwas anderes ist die geschmackliche Veränderung, die bei manchen Weinen im Lauf des Jahres zu beobachten ist. Vor allem jung abgefüllte Weine scheinen oft im Frühjahr noch einmal in der Flasche zum Leben zu erwachen. Sie werden stürmisch und spritzig, das heißt, der Kohlensäuregehalt steigt an, er schmeckt »säuerlicher« und bestimmte Bukett- und Aromastoffe werden verdeckt, um sich dann wieder zu beruhigen. Der Vergleich eines Weines über ein Jahr hinweg (mit den entsprechenden Notizen im Weinbuch) kann darüber Aufschlüsse bringen.

Die Serviertemperatur

Jeder Weintyp hat eine optimale Trinktemperatur, bei der er seine Eigenschaften, seinen Duft und sein Aroma am besten entfaltet. Trockene, spritzige Weißweine, Sekt und Champagner schmecken gut gekühlt am besten. Sind sie zu warm, empfindet man sie als schal und süß. Die alten, gerbstoffreichen Rotweine entwickeln bei der oft genannten »Zimmertemperatur« optimal ihre Harmonie. Dabei ist zu bedenken, daß die Zimmer damals, als diese Regel aufgestellt worden ist, wesentlich kühler waren als heute: 15 bis 16 °C entsprechen der optimalen Temperatur für die großen Rotweine (im Glas werden sie ohnehin noch wärmer), das ist etwa die Temperatur eines kühlen Schlafzimmers.

Frische, fruchtige Rotweine werden kühler serviert, die jung zu trinkenden Primeurs und Novellos sogar sehr gut gekühlt. Wenn Sie keinen kühlen Keller haben, legen Sie die Flaschen rechtzeitig ins Gemüsefach eines normalen Kühlschranks. Oder Sie stellen sie in eine Wanne mit kaltem Wasser und Eiswürfeln, bis sie nach ein bis zwei Stunden die richtige Temperatur erreicht haben. Der Nachteil bei dieser Methode: Es lösen sich viele Etiketten ab, also vorher mit einem Gummiring festhalten. Wenn Sie Weine im Kühlschrank kühlen, sollten Sie darauf achten, daß dies nicht zu lange geschieht. Ansonsten verschließen sich ihre Aromastoffe, die Weine scheinen regelrecht einzufrieren. Dagegen hilft dann auch kein vorsichtiges Anwärmen mehr.

Weißweine sollten möglichst kühl serviert werden.

Die beste Weintemperatur:

Weißweine (mild), Rosé, Sekt, Champagner	6 – 10 °C
Weißweine (trocken, halbtrocken)	8 – 10 °C
Leichte Rotweine (deutsche, Beaujolais)	10 – 12 °C
Mittelschwere Rotweine	12 – 14 °C
Edle Rotweine (Burgunder)	14 – 16 °C
Edle Rotweine (Bordeaux)	15 – 17 °C

Faustregel: Je teurer ein Wein, desto höher die Serviertemperatur. Für die Messung der Weintemperatur müßte man eigentlich die Flasche öffnen, ein Weinthermometer hineinhalten und sofort ablesen. Oder Sie nehmen eine Thermometer-Banderole, die Sie um die Flasche legen und nach einiger Zeit ablesen können. Wem das alles zu akademisch ist, prüft mit Hand oder Wange: Eiskalt sollte es sich für Weißweine, Rosé, Sekt und Champagner anfühlen, kalt für leichte und mittelschwere Rotweine und nur etwas oder kaum kühl für edle Rotweine.

In einem Weinkühler aus Ton (im Bild links) bleiben Weine länger kalt. Praktisch ist eine Thermometer-Banderole (im Bild rechts), die die Weintemperatur mißt, ohne daß die Flasche geöffnet werden muß.

Zum Öffnen der Flasche wird zunächst die Kapsel abgeschnitten, die den Korken schützt.

Flaschen öffnen

Der Wein ist richtig temperiert, die Gläser stehen bereit – doch vor dem Genuß kommt die Mühsal des Öffnens. Obwohl die Schraub- und Kronkorkenverschlüsse bei den Weinkennern verpönt sind, haben sie doch einige Vorteile: Sie sind leicht zu öffnen, schließen den Flascheninhalt luftdicht ab, die Korkeichen werden geschont, und es kann kein Korkgeschmack entstehen. Für Weine, die keine großen Ansprüche stellen wollen und die nicht lange gelagert werden sollen, sind sie der beste Verschluß. Doch leider haftet ihnen immer noch ein schlechtes Image an, deshalb muß sich der Weinliebhaber weiterhin mit dem Korken auseinandersetzen.

Der Korken ist zunächst einmal von einer Kapsel verdeckt, die bei einfachen Weinen aus Kunststoff, bei anspruchsvollen immer noch aus mehr oder weniger bleihaltigem Metall besteht, das außen farbig lackiert ist. Die Kapsel wird stilgerecht am unteren Rand der Verdickung, die die Kapsel festhält, mit einem Messer rundum eingeschnitten und abgezogen. Nun liegt der Korken frei. Ist er mit einer Schimmelschicht überzogen, so wird diese mit einem Tuch oder Küchenpapier abgewischt.

Der Korkenzieher

Mit welchem Korkenzieher Sie nun den Korken herausziehen, bleibt Ihnen überlassen. Die alte Regel, die Spirale solle eine »Seele« haben, d. h., die Windungen sollen so offen sein, daß man ein Streichholz hineinstecken kann, gilt für eine Vielzahl von Modellen nicht mehr. Wichtig ist, daß die Spitze der Spirale sehr fein ausläuft, so daß der Kork nicht zerbröselt wird. Der starre Korkenzieher, bei dem einfach eine Spirale an einem Griff (aus Holz oder Rebwurzel) befestigt ist, erfordert viel Kraft und erschüttert den Wein beim Herausziehen am meisten.

Besser ist ein sogenanntes Kellnermesser, das sowohl ein Klappmesser zum Aufschneiden der Kapsel enthält als auch einen Hebel, der am Flaschenhals angesetzt wird und der ein relativ einfaches Öffnen der Flasche ermöglicht. Einfacher und leichter zu handhaben sind allerdings die Korkenzieher, bei denen die Stopfen nach dem Eindrehen wie von selbst herausgehoben werden. Damit kann jeder auch fest sitzende Korken entfernen. Einziger Nachteil ist, daß bei diesen Modellen eher Korkbrösel in den Wein fallen.

Wer das vermeiden will, nimmt ein Entkorkgerät, bei dem zwei Metallbügel durch hebelnde Bewegung links und rechts am Korken entlang in den Flaschenhals eingeschoben werden. Sie packen den gesamten Korken, der sich nun durch eine drehende Bewegung des

Mit einem Kellnermesser lassen sich Weinflaschen problemlos öffnen.

Griffes herausziehen läßt. Ein solcher Korkenzieher ist oft das letzte Mittel, wenn der Kork brüchig geworden ist. Nach dem Herausziehen des Korkens wird die Flaschenöffnung mit einem Tuch ausgewischt, um Korkreste zu entfernen.

Sekt- und Champagnerflaschen lassen sich, da von innen die Kohlensäure nach dem Entfernen der Verschnürung oder des Metallbügels bereits den Korken nach außen schiebt, meist leichter öffnen. Manchmal jedoch muß eine Sektzange, mit der der Stopfen vorsichtig herausgedreht wird, nachhelfen. Damit der Stopfen nicht mit lautem Knall aus der Flasche springt (und vielleicht Menschen verletzt oder Lampen beschädigt), sollten Sie beim Herausdrehen von Sektkorken ein Handtuch über den Flaschenhals legen und mit einer Hand um den Hals herum festhalten. Eine perfekt geöffnete Sekt- oder Champagnerflasche gibt nur ein leises Zischen von sich, wenn der Stopfen aus der Flasche gezogen wird.

Wenn der Wein »korkelt«

Werfen Sie nun den Korken nach dem Öffnen der Flasche nicht gleich weg, sondern riechen Sie erst an seiner weinzugewandten Seite. Er sollte korktypisch und sauber riechen. Ein unsauberer, fauliger oder modriger Geruch deutet darauf hin, daß der Wein einen Fehler hat, daß er korkkrank ist. Weil immer mehr Wein mit Korken verschlossen wird, läßt die Qualität oft nach. Mit etwa fünf Prozent fehlerhaften Korken ist heute zu rechnen. Gewißheit, ob der Wein fehlerhaft ist, verschafft aber erst der Schluck, den sich der Gastgeber selbst in sein Glas gießt (um auch die Korkreste zu entfernen, die oben auf dem Wein schwimmen). Allerdings ist nicht jeder Korkgeschmack als echter Weinfehler zu bewerten – Wein, der in Holzfässern ausgebaut wurde, kann auch von Natur aus einen korkähnlichen Geschmack haben. Typisch für den Korkfehler ist ein unangenehmer Geruch, wenn Sie das Glas in der Hand erwärmen.

Im Restaurant können Sie den Wein in diesem Fall zurückgehen lassen, ein Händler wird dagegen bedauernd darauf hinweisen, daß eine Flasche in einem Karton durchaus einmal einen Fehler haben kann. Ersatz wird er aber erst leisten, wenn mehrere Flaschen einer Lieferung fehlerhaft sind.

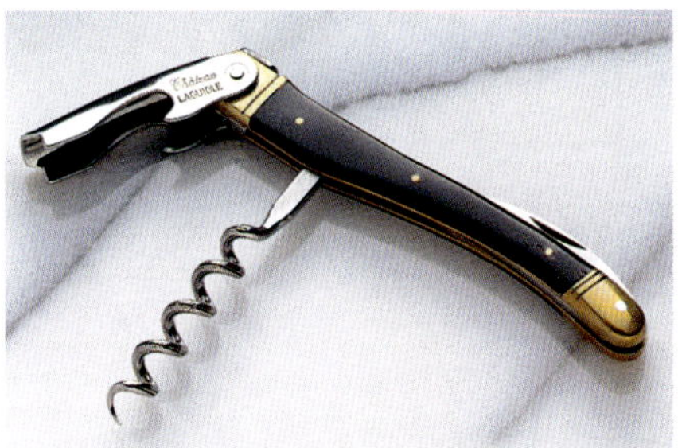

Ein schönes Kellnermesser, dessen Korkenzieher eine »Seele« hat.

Mit diesem Korkenzieher entfernt man den Stopfen durch Drehbewegungen.

Beim Dekantieren kann der Wein direkt oder durch einen Trichter mit Siebeinsatz in die Karaffe umgegossen werden.

Weine dekantieren

Für den einen ist es eine unnötige Verzögerung des Trinkgenusses, für den anderen ein heiliges Ritual, einen guten Rotwein vor dem Ausschenken zu dekantieren. Dekantieren bedeutet, den Wein aus der Flasche in eine Karaffe umzugießen. Sinnvoll ist das bei wertvollen alten Rotweinen, die auf traditionelle Art ausgebaut wurden. Bei solchen Weinen bildet sich im Lauf der Zeit ein »Depot«, ein flockiger Bodensatz, der beim Einschenken aufgewirbelt wird und den Genuß trübt. Auch bei Weißweinen kann es einen Bodensatz geben. Dieser besteht aber aus farb- und geschmackslosem Weinstein, der bei vorsichtigem Einschenken in der Flasche bleibt. Da Sie den Wein ja liegend aufbewahrt haben sollten, sitzt das Depot zunächst auf dem seitlichen Flaschenrand. Sie müssen die edlen Tropfen also zuerst aufrecht hinstellen, bis das Depot auf den Flaschenboden absinkt – das dauert ein bis zwei Tage. Praktisch sind dafür die Dekantierkörbchen oder – eleganter – die Flaschenständer, in denen die Flaschen schräg stehen, so daß der Satz sich in einer Ecke des Flaschenbodens ansammelt. Je kompakter sich die Flocken am Boden absetzen können, um so geringer ist der Verlust beim Dekantieren, der bei einem großen alten Wein immerhin zehn Prozent ausmachen kann.

Luft für den Wein

Ein zweiter Zweck des Dekantierens ist, den Wein mit Luft in Berührung zu bringen. Vor allem für junge Rotweine, die noch etwas hart schmecken, kann das eine geschmackliche Verbesserung bringen. Allerdings bewirkt diese Belüftung des Weines, daß leicht flüchtige Aromastoffe entweichen. Das kann von Vorteil sein, wenn diese den Duft beeinträchtigen. Es kann sich aber nachteilig auswirken, wenn dabei gerade die Duftstoffe entweichen, die den Charakter eines alten, großartigen Rotweins ausmachen. Weißweine enthalten mehr leicht flüchtige Stoffe als Rotweine, deshalb werden sie kühler getrunken und in der Regel nicht dekantiert, damit die zarten Duftnoten erhalten bleiben. Als Faustregel für das rechtzeitige Dekantieren gilt: Junge Rotweine etwa 30 Minuten vor dem Ausschenken schwungvoll in eine Karaffe umfüllen (das Dekantierritual, wie unten beschrieben, ist dabei nicht nötig). Ältere Rotweine zwei bis drei Stunden vor dem Servieren dekantieren, damit sich das Bukett und die Aromen entfalten können. Bei sehr alten Rotweinen, vor allem edlen Burgundern, erst kurz vor dem Ausschenken dekantieren.
Nicht zu alte Rotweine öffnen Sie zwei bis vier Stunden vor dem Servieren – möglichst erschütterungsfrei, damit der Bodensatz nicht aufgewirbelt wird.
Weißweine braucht man erst kurz vor dem Essen öffnen, sollte sie dann aber weiter kühlen. Da alte Weine dazu neigen, nach dem Öffnen rasch »umzu-

Beim Dekantieren vor einer Kerzenflamme ist der Bodensatz als schwarzer Streifen im Flaschenhals gut zu erkennen.

stehen«, d. h., sie schmecken schal und alt, die Flasche möglichst erst im letzten Augenblick vor dem Servieren entkorken.

<u>Das Dekantier-Ritual</u>

Obwohl das Dekantieren für Gäste sehr eindrucksvoll ist, sollten Sie die ersten Versuche alleine vornehmen, denn jedes Zittern der Hand, jedes Absetzen der Flasche führt dazu, den Bodensatz wieder aufzuwirbeln. Also müssen alle Geräte bereitstehen: die entkorkte Flasche, die Karaffe und eine brennende Kerze (oder eine kleine Lampe). Die Karaffe halten Sie in der einen, die Flasche in der anderen Hand, die Kerze steht so dahinter, daß Sie später die Flamme durch den Flaschenhals hindurch sehen können. Jetzt führen Sie den Flaschenhals langsam in die Öffnung der fast waagrecht gehaltenen Karaffe ein und gießen ganz behutsam – es darf dabei nicht blubbern – den Wein in die Karaffe um. Gießen Sie nun zügig und ohne auch nur einmal abzusetzen weiter, bis Sie im Flaschenhals einen dunklen Streifen sehen, der anzeigt, daß das Depot erreicht ist. Jetzt sofort mit dem Umgießen aufhören, das Dekantieren ist beendet.

Wenn Ihnen das zu aufwendig ist, können Sie einen Dekantierfilter verwenden, den es im Weinfachhandel gibt. Er fängt den Bodensatz auf und die Verluste sind geringer.

Auch jetzt schenken Sie sich einen Schluck Wein in Ihr Glas und probieren, ob er in Ordnung ist. Erst dann wird er ausgeschenkt, zuerst an die Damen, dann an die Herren und zuletzt schenken Sie sich selbst ein. Gießen Sie die Gläser nie voll: Weißweingläser sollen etwa zur Hälfte gefüllt sein, wodurch der Wein länger kühl bleibt, Rotweingläser nur zu einem Drittel füllen. Der Rotwein läßt sich so einfacher schwenken, sein Aroma kann sich entfalten und sein Duft sich besser erschließen. Weinflaschen halten Sie beim Einschenken so, daß das Etikett in Ihrer Handinnenseite liegt, die Flaschenöffnung liegt nicht auf dem Glasrand auf, sondern etwa fingerbreit darüber. Gießen Sie zügig ein und drehen Sie die Flasche nach jedem Glas um eine Vierteldrehung, so daß kein Tropfen auf das Tischtuch fällt.

Praktisch ist auch ein Tropfenfänger oder eine Serviette, die Sie um den Flaschenhals legen, um die Weintropfen aufzufangen.

Perfektes Einschenken: Das Etikett der Flasche liegt in der Innenseite der Hand, die Flaschenöffnung befindet sich etwa fingerbreit über dem Glasrand.

Weinkrüge und »Römer« aus Keramik findet man in den verschiedenen Weinbaugebieten am Rhein.

Eine typische Flasche für den fränkischen Wein: der Bocksbeutel. Aber auch einige portugiesische Weine werden darin abgefüllt.

Flaschenform und Gläser

Weine werden, von Ausnahmen abgesehen, in Flaschen gefüllt. Dabei gibt es eine Vielzahl von Formen und das auch noch in unterschiedlichen Farben. Das ist einerseits eine alte Tradition, um bestimmte Weine schon an ihrer Flaschenform erkennen zu können, andererseits nutzen das heute viele Winzer, um ihre Spezialitäten zu kennzeichnen. Wenn Sie sich näher mit den Flaschen beschäftigen, können Sie schon bald an der Form erkennen, welchen Weintyp Sie vor sich haben – und in welchem Glas Sie den Wein servieren können.

Keulenflaschen (1)

Markante, geschwungene Flaschen finden Sie bei französischen Rosé-Weinen von der Côtes du Rhône oder aus der Provence und beim weißen Verdicchio aus Italien. Zu diesen trockenen, leicht säurebetonten Weinen passen rundliche, nicht zu große Gläser, die sich nach oben kaum verjüngen. Dadurch gelangt der Wein sofort zum Gaumen und kann sein Aroma schnell entfalten.

Schlegelflasche, Flûte (2)

Die schlanken, langgezogenen Flaschen werden für Rhein- und Moselweine wie für Elsässer Weine verwendet (im Elsaß wird die Flasche »flûte«, Flöte, genannt). Inzwischen füllt man auch in anderen Regionen trockene, gehaltvolle Weißweine (meist aus nur einer Rebsorte) darin ab. An der Mosel und im Elsaß werden traditionell grüne, am Rhein braune Flaschen genommen.
Zu den frischen, gut zu kühlenden Weißweinen paßt ein langstieliges Glas mit kugeligem Kelch, in dem die feine Fruchtsäure und das zarte Bukett am besten zur Geltung kommen. Solche Gläser immer nur halbvoll einschenken.

Bordeaux-Flasche (3)

Die klassische Bordeaux-Flasche ist schmal zylinderförmig mit kurzem Hals, wobei Rotweine in grüne oder braune Flaschen gefüllt werden. Diese Form wird heute in vielen Ländern für Rotweine verwendet, vor allem, wenn sie aus Cabernet-Sauvignon- und/oder Merlot-Trauben gekeltert werden. Es können weiche und zarte oder würzige, elegante und haltbare Weine darin stecken. Aus farblosem Glas werden solche Flaschen auch für edelsüße Sauternes-Weine verwendet.
Das Bordeaux-Glas ist unten etwas kugelig und verjüngt sich nach oben, damit das Bukett des Weines konzentriert wird. Es wird nur zu einem Drittel gefüllt und beim Probieren weit unten oder am Fuß angefaßt, um den Duft nicht zu beeinträchtigen. Vorm Probieren den Wein im Glas etwas schwenken, um die Aromastoffe freizusetzen.

Burgunderflasche (4)

Die klassische Burgunderflasche ist keulenförmig mit gleichmäßig sich verjüngendem Hals. Sie ist »die« Weinflasche überhaupt, in leicht abgewandelter Form findet man sie weltweit. Sie kann braun oder gelbgrün sein und Rot- oder Weißwein enthalten, entweder aus roten Pinot-Noir- (Spätburgunder-) oder weißen Burgunder-Trauben oder aus Chardonnay wie Chablis, Meursault, Puligny-Montrachet, ebenso solche aus Kalifornien, einen Rheinwein oder einen Sancerre (Loire). Für einen Rotwein empfiehlt sich ein Burgunderkelch, ein großes, breitbau-

chiges Glas, dessen Öffnung sich deutlich verengt und das für alle großen, gerbstoffbetonten Rotweine geeignet ist. Für die Weißweine ist ein Glas, dessen Kelch sich nach oben nur wenig verjüngt, also einem Sherryglas ähnelt, am besten. Solche Gläser werden auch bei offiziellen Weinproben verwendet. Beide Glasformen werden nur zu einem Drittel gefüllt.

Sherry- und Portweinflasche (5)
Gedrungene, rundschultrige Flaschen kennzeichnen Sherry und Portwein, Madeira und andere mit Alkohol angereicherte Weine. Zu allen diesen Weinen paßt das klassische, sich nach oben elegant verjüngende Sherryglas.

Champagnerflasche (6)
Klassische Flasche für alle edlen Schaumweine der Welt. Sie ist immer aus sehr dickem Glas, das dem Innendruck widersteht.
Das passende Glas dazu kann die Sektflöte sein, die sich nach oben etwas verjüngt, um den zarten Duft und die Perlen einzufangen oder ein etwas breiteres Schaumweinglas für besonders edle Champagner mit mehr Bukett. Die flachen Sektschalen werden heute höchstens noch für süße Schaumweine verwendet.
Darüber hinaus findet man noch extrem schlanke Designerflaschen in die besonders hochwertige Weine gefüllt werden (sollten). Für sie paßt immer das Universal-Weißweinglas. Kennzeichen eines guten Glases: Es soll glasklar, dünnwandig, langstielig und spülmaschinengeeignet sein. Hauchdünne Riesengläser sind zwar zum Anschauen schön, aber unpraktisch, da kaum ohne Bruch zu spülen.

Flaschenformen lassen auf den Inhalt der Flasche schließen: 1. Keulenflaschen, 2. Schlegelflasche, Flûte, 3. Bordeauxflasche, 4. Burgunderflasche mit Rotwein und Burgunderflasche mit Weißwein, 5. Sherry- und Portweinflasche, 6. Champagnerflasche. Unter den Flaschen abgebildet sehen Sie die zu den einzelnen Weinsorten passenden Gläser. Mehr dazu erfahren Sie im Text auf dieser Seite.

In einer Gruppe von Fässern, dem sogenannten Solera-System, wird Sherry gemischt und reift.

Wein zum Essen

Wenn in Deutschland, Frankreich und Italien die einfachsten Weine »Tafelwein« genannt werden, so ist damit nicht gemeint, daß zu einem guten Essen nur anspruchslose Weine passen. Jedes Gericht schmeckt mit einem passenden Wein noch besser, genauso wird ein besonders guter Wein durch die passende Begleitung noch feiner schmecken. Gehen Sie nach Ihrem persönlichen Geschmack, es gibt nur wenige Regeln zu beachten.

Der Aperitif

Alles, was vor dem Essen getrunken wird, um den Appetit zu wecken und die Sinne auf die zu erwartenden Genüsse einstimmt, wird Aperitif genannt. Mit einem Aperitif können Sie sich in der Küche bei der Essenszubereitung Laune machen, Ihre Gäste begrüßen oder ihn auch erst dann servieren, wenn alle am Tisch sitzen. Was als Aperitif serviert wird, ist der Mode unterworfen und hängt auch von der Jahreszeit ab. Grundsätzlich können Sie jeden leichten, trockenen Wein zur Einstimmung reichen. Vor allem ein gut gekühlter Weißwein, ein Muscadet (Pays Nantais) oder ein Graves blanc aus Frankreich, ein trockener deutscher Silvaner aus Rheinhessen oder ein frischer Gutedel aus Baden paßt ebenso wie ein herber Verdicchio aus Italien oder ein »Vinho verde« aus Portugal. Oder probieren Sie »Kir«, eine Mischung aus Weißwein und Johannisbeerlikör. Ungewöhnlich wäre ein leichter, trockener Rosé-Wein, z. B. ein Zinfandel Rosé aus dem Napa Valley, der in Kalifornien mit Eis und Minzeblättchen serviert wird.
Zur Zeit sehr beliebt, und nie verkehrt, ist ein ganz trockener Champagner (brut), aber auch andere Schaumweine wie spanischer Cava, italienischer Spumante oder Prosecco, deutscher Winzersekt oder ein kalifornischer Schaumwein eignen sich bestens dafür. Klassisch ist ein trockener Sherry, Portwein, Madeira oder Wermut. Gemeinsames Merkmal ist der höhere Alkoholgehalt und der intensive Duft.

Sherry

Hauptstadt der Sherry-Erzeugung ist die spanische Stadt Jerez de la Frontera, wo der Wein einfach »Vino de Jerez« genannt wird, woraus das englische »Sherry« wurde. Die Traube des Sherrys ist die Palomino, der bei den lieblicheren Sherry-Typen noch ein Konzentrat von Pedro-Ximénez- oder Moscatel-Trauben zugesetzt wird. Der typische Sherry-Geschmack entsteht durch einen aufwendigen Mischungs- und Reifevorgang im Solera-System. Die Solera ist eine Gruppe von aufeinandergestapelten Fässern, wobei das oberste den jüngsten, das unterste den ältesten Jahrgang enthält. Aus den ältesten Fässern wird der Sherry bis auf einen Rest auf Flaschen gefüllt, aus dem nächstjüngeren Faß wird wieder aufgefüllt und so weiter. Dadurch nimmt der Wein den Charakter der Solera an, so daß am Ende eine fast gleichbleibende Qualität herauskommt. Der hohe Alkoholgehalt von 16 und mehr Volumenprozent wird durch den Zusatz von Branntwein (aufspriten) erzielt, der den Wein lange haltbar macht.

Portwein

Was der Sherry für Spanien ist, ist der Portwein für Portugal. Ursprungsgebiet ist das Douro-Tal, wo die mit Alkohol in der Gärung abgestoppten Weine nach Porto zur Lagerung gebracht werden. Je nach Güte und Preis können sie bis zu 50 Jahren gelagert sein, das Alter wird auf den Flaschen vermerkt. Leider findet man nur selten die trockenen Portweine, die sich als Aperitif eignen, meist sind sie halbtrocken bis süß.

Madeira-Weine sind süß, aber auch trocken, ihre Farbe reicht von hellgelb bis dunkelbraun. Sie sind sehr alterungsbeständig und können bis zu 100 Jahre im Faß lagern.

Madeira

So heißt nicht nur die Insel im Atlantik, sondern auch der mit Branntwein aufgespritete Wein, von dem es vier verschiedene Typen gibt. Alle werden nach der Gärung in »estufados«, Öfen, bei höherer Temperatur gelagert, was diese Weine absolut stabil und alterungsbeständig macht – es gibt über 100 Jahre alte Madeira-Weine. Sercial ist ein hellerer, trockener Wein mit deutlicher Säure, der Verdelho ist goldfarbener, trocken mit weicherem, nußähnlichem Aroma. Die süßeren Sorten, der Bual und der dunkelbraune Malmsey aus Malvasia-Trauben, sind sehr feine Dessertweine.

Mit einer Venencia entnimmt ein Capataz-Kellermeister eine Sherry-Probe aus dem Faß und gießt sie zum Probieren in ein Glas.

Wermut

Die Heimat des Wermuts liegt in den Voralpen, zu beiden Seiten der Grenze zwischen Italien und Frankreich. Es gibt sowohl einen italienischen als auch einen französischen Wermut, einen mit Kräutern gewürzten und mit Alkohol aufgespriteten Wein. Die weißen, trokkenen Sorten, die meist ein grünes und weniger verschnörkeltes Etikett tragen als die süßeren, eignen sich gut als Aperitif und können auch mit Eiswürfeln serviert werden.

Gekochter heller Fisch schmeckt am besten mit Weißwein oder Champagner.

Weine zum Menü

Die älteste, immer wieder zitierte Regel lautet: Weißer Wein zu weißem Fleisch und Fisch, roter Wein zu rotem Fleisch. So alt die Regel auch ist, sie hat immer noch Gültigkeit. Allerdings setzt sie auch die klassische Speisenfolge voraus, bei der es erst leichte Gerichte als Vorspeise, Fisch als Zwischengang und erst dann die dunklen Braten gibt.
Und die klassische Weinabfolge fängt eben auch mit leichten, spritzigeren, also vorwiegend weißen Weinen an und geht erst langsam zu den schweren, edlen Rotweinen über. Also ergibt sich aus beidem die Zuordnung von Weinen zu bestimmten Gerichten.
Allerdings wird die klassische Reihenfolge heute nur noch selten eingehalten. Vor allem die mediterrane Küche hat uns die reichhaltigen Vorspeisen gebracht, die auch schon den Fischgang enthalten können. Pizza, Pasta und Risotto haben die Rolle von Zwischen- oder Hauptgang übernommen. Statt eines schweren Bratens kommt eher ein Steak mit Salat oder ein Gemüsegericht auf den Tisch. Höchstens bei Desserts und Käse bleibt's beim alten.
Deshalb wird immer häufiger auch nur ein Wein zum Essen getrunken, der zu allem paßt. Im Restaurant oft der offene, der meist einfach und leicht ist und die Gerichte selten stört. Zu Hause sollte es ebenso ein nicht allzu eindrucks- und charaktervoller, schwerer Wein sein, sondern ein leichter, zartaromatischer, sich eher unterordnender Wein. Vor allem mit den leichteren Rotweinen aus Italien und Frankreich liegen Sie stets richtig, schließlich trinken Italiener und Franzosen meist nur einen ihrer Weine zum ganzen Menü.

<u>Die Grundregeln</u>

Ein paar Regeln, um den passenden Wein auszuwählen, sollten Sie trotzdem beachten. Säure ist ein Feind des Weines. Ein mit reichlich Essig angemachter Salat läßt einen etwas säurebetonten Wein gleich selbst zu Essig werden. Auch die Säure von Zitrusfrüchten, die nicht von anderen Zutaten abgemildert wird, bekommt einem Wein selten gut. Wenn Sie unbedingt Experimente wagen wollen, so versuchen Sie dazu einen nicht zu herben deutschen Weißwein vom Typ Silvaner, Gewürztraminer oder Kerner Spätlese.
Fettreiche Fische, vor allem geräucherte, können säurebetonten Rotweinen einen metallischen Geschmack verleihen. Italienischer Pinot Grigio oder deutscher Grauburgunder, ein Meursault aus dem Burgund oder ein Fumé

Blanc aus dem Napa Valley passen jedoch dazu.
Auch Eierspeisen sind etwas heikel. Mit Omeletts und Rühreiern vertragen sich am ehesten noch ein Trentiner Pinot Grigio, ein Dolcetto aus dem Piemont, ein weißer Demestica aus Griechenland oder eine Silvaner Spätlese aus Franken.
Meeresfrüchte und Austern schmecken am besten mit einem sehr trockenen, frischen Weißwein – die klassische Kombination von Austern und Chablis zeigt es. Ebensogut passen Muscadet, ein Weißwein aus dem Languedoc-Roussillon, ein Riesling von der Nahe oder eine trockene Weißburgunder Spätlese aus Rheinhessen, ein Vernaccia di San Gimignano aus Italien wie ein Albariño aus Galizien, originell wäre ein ganz trockener Rosé de Loire.
Bei Fischen entscheidet die Zubereitungsart. Gekocht und in einer hellen Sauce serviert, schmeckt Fisch am besten mit Weißwein oder Champagner. Beim gebratenen oder gegrillten Fisch darf es durchaus auch ein leichter bis kräftiger Rotwein sein, z.B. ein spanischer Rioja Crianza.
Zu Pizza und Pasta mit Tomatensauce gehören einfache italienische Rotweine, zu spanischer Paella ein leichter spanischer Rotwein oder Rosé-Wein aus Utiel (Levante).
Bei allen Fleischgerichten ist die Harmonie zwischen speziellem Gericht und passendem Wein besonders schwer herauszufinden. Am besten halten Sie sich an die Regel, daß zu einem gehaltvollen, schweren Fleischgericht auch ein wuchtiger Wein paßt wie ein italienischer Barolo, Brunello di Montalcino oder Chianti Classico Riserva, ein Châteauneuf-du-Pape, ein Bordeaux Cru oder Burgunder, ein spanischer Rioja Gran Reserva oder ein kalifornischer Merlot aus dem Napa Valley – die Liste ließe sich fast beliebig mit allen großen Rotweinen der Welt fortsetzen.
Zu helleren Fleischgerichten von Geflügel bis Schwein passen gehaltvolle Weißweine, vom Typ Riesling Spätlese trocken oder Pinot Blanc, oder auch junge, leichtere Rotweine, deutsche Spätburgunder, die meisten Merlots, italienischer Barbera, Teroldego aus dem Trentino, ein Beaujolais oder ein Zinfandel Rot aus Kalifornien.
Das Dessert sollte am besten ohne Wein auskommen. Doch wenn Sie Wein dazu servieren möchten, passen die edelsüßen Weine wie Beeren- und Trockenbeerenauslesen aus Deutschland, Sauternes oder Barsac aus dem Bordelais, Mavrodaphne und Samos aus Griechenland, süße Tokajer oder ein Vin Santo aus Italien.

Zu gehaltvollen, schweren Fleischgerichten passen wuchtige Rotweine.

Vin Santo ist der traditionelle italienische Dessertwein zu Biscotti di Prato (Mandelschnitten).

Käse und Wein

Käse und Wein sind sich, auch wenn sie aus völlig unterschiedlichen Ausgangsprodukten hergestellt werden, in vielem recht ähnlich. Beide sind das Erzeugnis einer bestimmten Landschaft mit ihrem speziellen Klima, ihren Böden und ihrer Kultur. Sowohl die Reben als auch die Pflanzen, die von Kühen, Schafen und Ziegen gefressen werden, nehmen aus ihrer Umwelt die Stoffe auf, die später den regionalen Charakter des Weins oder des Käses ausmachen. Vorausgesetzt, es handelt sich um nicht wärmebehandelte Weine und um Rohmilchkäse, sonst ist der typische Regionalcharakter weg.

Nun läßt sich leicht die einfache Regel aufstellen: Käse und Wein aus dem gleichen Gebiet passen zueinander. Der Wein wie der Käse entstehen durch die Einwirkung von Hefen, Bakterien und Enzymen, die Gärung und Reifung bewirken. Dabei bilden sich charakteristische Duft- und Geschmacksstoffe, die bei beiden ähnlich sind: erdig, nußartig, pilzähnlich, an Heu, Kräuter, Buttermilch oder sogar an Kuhstall erinnernd (bei einem alten Bordeaux mit »animalisch« umschrieben), lieblich, mild und pikant.

Daraus folgt die zweite Regel: Ein Wein mit ähnlichen geschmacklichen Komponenten paßt zu dem entsprechenden Käse. Beispielsweise schmeckt ein junger Ziegenkäse wie ein Crottin de Chavignol fruchtig, nußartig, mineralisch, nach Buttermilch und Kräutern. Ein Sancerre Blanc aus dem Loire-Gebiet, aus Sauvignon Blanc gekeltert, weist die Aromen Früchte (Apfel, Birne), grüne Blätter (Farn, Efeu, Brennessel), Buttermilch und Minerale auf. Crottin de Chavignol und der Sancerre Blanc bilden also eine harmonische Kombination. Ebensogut passen ein Silvaner aus Franken oder ein trockener Weißburgunder zu frischem Ziegenkäse.

Ein pikanter, würziger Blauschimmelkäse aus Schafmilch wie ein Roquefort schmeckt nach Pilzen und noch etwas nach Schaf (animalisch). Damit harmoniert ein edler Burgunder-Rotwein wie der Chambertin (Côte de Nuits), der außer seinem intensiven Beerenaroma zudem die Komponenten Erde, Waldpilze, Leder und Geräuchertes aufweisen kann und so den Roquefort perfekt abrundet.

Weißweine passen besonders zu mildem Käse, körperreiche Weine dagegen am besten zu ausgereiften, herzhaften Käsesorten. Wobei entgegen landläufiger Meinung Weißweine meist besser zum Käse schmecken als Rotweine. Süßliche Hartkäse wie Gruyère oder Appenzeller harmonieren entsprechend mit halbtrockenen Weißweinen (Kabinett) wie Riesling, Gutedel oder Müller-Thurgau.

Ein klassisches Paar sind Käse und Wein. Sie passen ideal zusammen, wenn sie aus derselben Region kommen.

Zum Picknick, wo Freude und Geselligkeit im Vordergrund stehen, empfehlen sich einfache fruchtige Weine.

Weine für besondere Anlässe

Bei großen Ereignissen wie Hochzeit oder Geburt möchten Sie vielleicht einen Weinvorrat des Jahrgangs einkaufen, um ihn zu einem runden Jahrestag zu öffnen. Das kann der Feier die Krone aufsetzen – oder zur Enttäuschung werden.

Die meisten Weine sind heute für den alsbaldigen Verbrauch bestimmt. Nur ein gehaltvoller, gerbstoffreicher Wein hat das Potential, Jahrzehnte alt zu werden. Am ehesten finden Sie solche Weine noch in den großen Rotweingebieten Italiens (Chianti, Barolo), Frankreichs (Bordeaux, Burgund) und Spanien (Rioja Alavesa) bei den guten (und teuren) Erzeugern. Aber auch andere Rotweine, vor allem aus der Rebsorte Cabernet Sauvignon, lassen sich lagern, wenn sie genügend Gerbstoffe besitzen.

Weißweine sind im Durchschnitt nicht so lange haltbar. Eine Ausnahme machen säurereiche Rieslinge kühler Anbaugebiete vom Typ Auslese, Beerenauslese oder höhere Qualitätsstufen. Früher waren das Mosel- und Rheingauweine, die sich noch nach Jahrzehnten frisch und lebendig präsentierten. Heute ist es schwierig, Erzeuger zu finden, die lagerfähige Weine auf Flaschen füllen.

Schließlich ist auch der Jahrgang selbst entscheidend. Die seltsame Regel, in guten Jahren kleine Lagen, in schlechten Jahren große Lagen zu kaufen, hilft weiter. Eine »große Lage« umfaßt einen bestimmten Bereich von Weinbergen, der als besonders hochwertig (und teuer) eingestuft wird, weil er von Klima und Boden besonders begünstigt ist. In guten Jahren kann diese Begünstigung dazu führen, daß der Wein »zu gut« wird, also zuviel Alkohol und Süße enthält. Weine von »kleinen« (zweitklassigen) Lagen sind dann oft besser, weil sie mehr Säure sowie differenzierte Geschmacksstoffe enthalten und damit besser haltbar sind. In klimatisch ungünstigen Jahren bringen die »großen« Lagen immer noch gute Weine zustande, während die Weine von »kleinen« Lagen dann kümmerlich und dünn sind.

Party, Picknick, Grillfest

Für diese Gelegenheiten sind saubere, fruchtige, leichte und gut zu trinkende Weine passend. Ein einfacher Bordeaux aus Frankreich, ein Merlot aus Italien, Valdepeñas aus Spanien, Württemberger Trollinger oder ein roter Landwein vom Faß oder aus dem Weinschlauch schmecken jedem. Auch ein gut gekühlter trockener Rosé-Wein, ein Weißwein von der Loire oder aus Savoyen, ein Verdicchio aus Italien oder trockene Weißburgunder und Silvaner aus der Pfalz oder Rheinhessen sind stets beliebt.

Edlere Tropfen reicht man zu besonderen Anlässen. Sie müssen jedoch nicht so alt sein, wie die noblen Weine im Keller des Château Margaux.

Meeresfrüchte kann man gut mit säurereicheren Weißweinen zubereiten.

Kochen mit Wein

Nicht nur bei Tisch gehören Speisen und Wein zusammen, sondern auch in der Küche. Fast jedes Gericht gewinnt, wenn ein Schuß Wein beim Garen dazugegeben oder ein Bratensatz mit Wein abgelöscht wird.
Mit Wein haben Sie viele Möglichkeiten, das Essen zu veredeln. Sie können helles Fleisch in Weißwein, dunkles Fleisch oder Wild in Rotwein einlegen, um es zarter und feiner zu machen. Sie können Früchte in Süßweinen marinieren, um sie als leichtes Dessert zu servieren.
Sowohl eine klare Consommé als auch eine gebundene Suppe werden durch einen Schuß Sherry Fino oder Madeira Sercial noch feiner.
Gedünstete Fische und Meeresfrüchte wertet ein guter Weißwein auf, und ein geschmortes Huhn gewinnt durch einen roten Burgunder oder einen kräftigen Riesling.
Auch zarte Weinschaumcremes, süße Gelees und viele Dessertsaucen verlangen nach Wein. Die Weinküche ist unglaublich vielseitig. Auf den nächsten Seiten finden Sie Anregungen, wie Wein in der Küche zu verwenden ist.

Wein zum Kochen

Geschmack und Aroma, Säure und Volumen des Weines bestimmen den Geschmack des damit zubereiteten Gerichts. D. h., ein Wein, der schon beim Trinken nicht schmeckt, kann auch ein Essen verderben. Ein Weinfehler wie Korkgeschmack kann sich beim Erhitzen noch verstärken, ebenso eine zu deutliche Säure, die bei einem gekühlten Wein noch akzeptabel ist. Also keinen billigen, müden oder zu sauren Wein verwenden. Es muß jedoch auch kein Spitzenwein sein. Viel von dem, was den Wein im Glas auszeichnet, geht beim Kochen verloren. Andererseits treten die Gerbstoffe guter Rotweine beim Erhitzen deutlicher hervor als beim Trinken. Vor allem, wenn, wie bei manchen Gerichten, der Wein zur Hälfte eingekocht wird. Nehmen Sie einen guten Tafelwein oder einen Qualitätswein, der nicht zu säurereich ist, eine schöne Farbe hat (manche Rotweine machen die Sauce beim Kochen grau) und nicht zu lieblich schmeckt.

Zum Marinieren und Einlegen von Fleisch eignen sich knackige, säurereiche Weißweine wie junger Riesling, Soave, Vouvray, Muscadet, einfacher Chablis, junge Entre-deux-Mers, Grüner Veltliner. Oder kräftige Rotweine wie einfacher Bordeaux, Burgunder, Barbera, Merlot, Chianti, Montepulciano d'Abruzzo, Rioja Crianza, Dôle oder roter Demestica, die auch zum Schmoren geeignet sind.

Zu Fischen und Meeresfrüchten empfehlen sich säurereichere Weißweine (dann weniger Zitronensaft verwenden) von der Mosel, aus Rheinhessen, Rheinpfalz, Baden oder dem Elsaß, Frascati, Muscadet, weiße Riojas oder Sauvignon Blanc aus Chile.

Bei Geflügel schmecken praktisch alle Weine, ob weiß oder rot, herb oder eher lieblich.

Zu Gemüse sind säurearme, aber aromatische Weißweine passend, z. B. Silvaner, Grauburgunder, reife Chardonnays, Entre-deux-Mers.

Gerichte mit Tomaten verlangen milde Weine, da die Tomaten schon Säure mitbringen. Geeignet sind Ahrburgunder, einfacher Chianti, Valpolicella, Dolcetto, Beaujolais, ein Merlot oder ein roter Demestica.

Dunkles Fleisch mariniert und schmort man am besten mit kräftigeren Rotweinen.

Für Desserts sind edelsüße Weißweine (Riesling Spätlese halbtrocken, Gewürztraminer, Chardonnay, Vin Santo aus Italien) ideal oder – wenn es besonders fein sein soll – Champagner.

Junge Weine eignen sich besser zum Kochen als alte, bei denen Farbe und Gerbstoffe schon abgebaut sind.

Experimentieren Sie mit verschiedenen Weinen! Zu dunklem Fleisch paßt auch ein Weißwein, Fisch schmeckt mit einer Rotweinsauce vorzüglich. Auch ein Gemüsegericht wird feiner, wenn Sie einen einfachen, jungen Weißwein (Riesling oder Silvaner) zum Dünsten nehmen.

Denken Sie daran, daß nur die Aromen des Weines zur Geltung kommen sollen, nicht der Alkoholgehalt. Deshalb den Wein am Anfang des Garens zugeben, der Alkohol verflüchtigt sich beim Kochen. Eingekochte Saucen und Schmorgerichte enthalten zum Schluß praktisch keinen Alkohol mehr, so daß auch Kinder diese Gerichte essen können, nicht jedoch Erwachsene, die keinen Alkohol zu sich nehmen dürfen. Vorsicht heißt es für sie auch bei Desserts, wo der Wein nur kurz oder gar nicht erhitzt wird. Diese Gerichte sind für Kinder ebenfalls nicht geeignet.

Früchte, wie beispielsweise Pfirsiche, schmecken köstlich, wenn man sie in Dessertwein dünstet.

Forellenfilet mit Weinsauce

Aus Baden · Für Gäste

Gebratene Forellenfilets mit schaumiger Weißweinsauce

Zutaten für 4 Portionen:
500 g Pfifferlinge, ersatzweise kleine braune Champignons
4 Forellen, vom Fischhändler fertig filetiert
Salz
weißer Pfeffer, frisch gemahlen
2 EL Mehl · 4 EL Butter
1 EL Zitronensaft
Für die Sauce:
1/2 l Weißwein (z.B. trockener Grauburgunder aus Baden)
140 g eiskalte Butterflöckchen

Zubereitungszeit: 45 Min.
Pro Portion: 3400 kJ/810 kcal

1 Die Pfifferlinge mit Küchenpapier und einem Kuchenpinsel sauber putzen, möglichst nicht waschen. Zur Seite stellen. Den Backofen auf 75° (Umluft 50°) vorwärmen.

2 Die Forellenfilets eventuell noch mit einer Pinzette entgräten, salzen, pfeffern. Mehl auf einen Teller geben, Filets darin wenden. In einer Pfanne die Butter erhitzen, die Filets darin bei mittlerer Hitze etwa 3 Min. von jeder Seite braten, aus der Pfanne heben und im Ofen warm stellen.

3 Die Pfifferlinge in der verbliebenen Butter bei starker Hitze rösten, bis die ausgetretene Flüssigkeit verdampft ist. Pilze mit Salz und Zitronensaft würzen.

4 Für die Sauce den Weißwein in eine Kasserolle gießen und offen bei starker Hitze auf die Hälfte einkochen. Dann die kalte Butter mit einem Schneebesen in Flöckchen unterschlagen, mit Salz und Pfeffer würzen.

5 Die Sauce über die Filets gießen, die Pilze darauf anrichten.

Getränk: Dazu paßt der gleiche Wein wie zum Kochen, ein guter weißer Burgunder, Chardonnay oder Riesling.

Coq au Riesling

Aus dem Elsaß · Gelingt leicht

Hähnchen in Weißwein geschmort

Zutaten für 4 Portionen:
1 fleischige Poularde (etwa 1,6 kg), küchenfertig vorbereitet · Salz
weißer Pfeffer, frisch gemahlen
60 g durchwachsener Räucherspeck, ohne Schwarte
2 mittelgroße Zwiebeln
2 Knoblauchzehen · 2 Möhren
je 1 Zweig frische Petersilie, frischer Thymian, Majoran und Liebstöckel
2 EL neutrales Pflanzenöl zum Braten · 4 EL Butter
1 Flasche Riesling aus dem Elsaß (0,75 l)
1 Lorbeerblatt
200 g kleine weiße Champignons

Zubereitungszeit: 50 Min. (+ 40 Min. Garen)
Pro Portion: 3900 kJ/930 kcal

1 Die Poularde unter fließendem Wasser waschen, mit Küchenpapier trockentupfen und mit der Geflügelschere in 8 etwa gleichgroße Stücke zerteilen, dabei das Rückgrat entfernen. Geflügelstücke rundum mit Salz und Pfeffer einreiben.

2 Den Räucherspeck würfeln, dabei die Knorpel entfernen. Die Zwiebeln schälen, Knoblauchzehen häuten, beides fein hacken. Die Möhren schälen und fein würfeln, die Kräuter waschen, trockenschütteln und mit Küchengarn zu einem Bündel zusammenschnüren. In einer großen Schmorpfanne das Öl bei mittlerer Hitze heiß werden lassen und die Speckwürfel darin etwa 2 Min. unter Rühren anbraten, nicht bräunen. Das Öl mit einem Löffel entfernen und die Butter in die Pfanne geben. Die Geflügelstücke darin rundum etwa 10 Min. anbraten. Zwiebeln, Knoblauch, Möhren und die Kräuter zum Geflügel geben und etwa 5 Min. unter Rühren weiter anbraten.

3 Den Wein aufgießen, das Lorbeerblatt dazugeben und alles zugedeckt bei schwacher Hitze etwa 40 Min. schmoren.

4 Die Champignons putzen und säubern, wenn nötig kurz waschen und gut trocknen, nach der Garzeit zum Geflügel geben und etwa 10 Min. weitergaren. In der Pfanne servieren.

Getränk: Zum Coq au Riesling einen Elsässer oder trockenen Rheingauer Riesling servieren.

Rehragout mit roten Beten

Aus Süddeutschland · Für Gäste

In Rotwein mariniertes Rehfleisch, mit roten Beten geschmort

Zutaten für 4 Portionen:
750 g Rehragout ohne Knochen
1/4 l trockener Rotwein (z.B. roter Burgunder, Fronsac oder Penedés)
1 Lorbeerblatt
1 EL Pimentkörner
2 Gewürznelken · 1 Zwiebel
750 g kleine rote Beten
2 EL Butterschmalz
5 Stangen Staudensellerie
1/8 l Wildfond (aus dem Glas), ersatzweise kräftige Fleischbrühe
4 EL bittere Orangenmarmelade
Salz
schwarzer Pfeffer, frisch gemahlen
1 EL Rotweinessig

Zubereitungszeit: 30 Min. (+ 8 Std. Marinieren + 1 1/2 Std. Garen)

Pro Portion: 1600 kJ/380 kcal

1 Das Rehragout mit Küchenpapier trockentupfen, in eine Schüssel geben. Den Rotwein mit Lorbeer, Piment und Gewürznelken aufkochen, wieder abkühlen lassen und kalt über die Fleischstücke gießen. Zugedeckt etwa 8 Std. im Kühlschrank marinieren.

2 Die Fleischstücke in einem Sieb abtropfen lassen, die Marinade auffangen. Fleisch gut mit Küchenpapier trockentupfen. Die Zwiebel schälen und fein hacken. Die roten Beten waschen und schälen (am besten mit Gummihandschuhen arbeiten, der Saft färbt), größere Beten vierteln.

3 In einem Schmortopf das Butterschmalz erhitzen und die Fleischstücke darin bei mittlerer Hitze portionsweise anbraten, dann aus dem Topf nehmen. Anschließend die Zwiebel anbräunen, das ganze Fleisch und die roten Beten dazugeben, etwas Marinade angießen und zugedeckt alles etwa 45 Min. garen, dabei nach und nach Marinade samt Gewürzen angießen.

4 Sellerie waschen, putzen und in Stücke schneiden, mit Wildfond und Orangenmarmelade zum Fleisch geben. Alles durchrühren und zugedeckt etwa 45 Min. bei schwächster Hitze weiterschmoren lassen. Mit Salz, Pfeffer und Essig abschmecken. Salzkartoffeln oder Kartoffelknödel dazu reichen.

Getränk: Den gleichen Wein wie zum Kochen oder einen Barolo, Hermitage oder Rioja Reserva dazu servieren.

Weinschaumcreme

Aus der Champagne · Geht schnell

Luftiges Dessert aus Weißwein und Eigelben

Zutaten für 4 Portionen:
4 EL Zucker
350 ml nicht zu säurereicher Weißwein (z.B. Weißburgunder, Pinot Grigio, milder Chardonnay, Traminer)
5 ganz frische Eigelb
zum Garnieren: Kakaopulver und Waffelröllchen

Zubereitungszeit: 20 Min.

Pro Portion: 780 kJ/190 kcal

1 In eine Edelstahlschüssel (Schlagkessel) oder eine Metallschüssel mit rundem Boden, die auf einen Kochtopf paßt, den Zucker und den Wein füllen. So lange rühren, bis sich der Zucker aufgelöst hat. Wasser in einem Topf zum Sieden bringen.

2 Die Eigelbe dazugeben und die Schüssel auf das siedende Wasserbad setzen. Die Wein-Zucker-Eigelb-Mischung beständig mit dem Schneebesen schlagen, bis die Masse langsam dicklich und zu einer dickschaumigen Creme wird. Dabei darauf achten, daß die Creme nicht zu stark erhitzt wird, sonst gerinnen die Eigelbe.

3 Die Schüssel sofort mit der Unterseite in kaltes Wasser halten und die Creme etwa 1 Min. weiterschlagen, damit der Garprozeß gestoppt wird.

4 Die Schaumcreme warm in Gläser füllen, mit wenig Kakaopulver bestäuben und mit Waffelröllchen garnieren.

Variante: Sie können dafür auch einen edelsüßen Weißwein nehmen (Vin Santo aus Italien, Beerenauslese aus Deutschland), dann sollten Sie aber weniger Zucker verwenden.

Wichtiger Hinweis: Bitte verwenden Sie nur ganz frische Eier von freilaufenden Hühnern, um das Salmonellenrisiko zu verringern.

Kir

Aus Dijon · Ganz einfach

Trockener Weißwein mit Likör aus schwarzen Johannisbeeren

Zutaten für 1 Glas:
1 TL Crème de Cassis
1 Glas gut gekühlter trockener Weißwein (z.B. Aligoté) oder leicht gekühlter junger Beaujolais

Zubereitungszeit: 5 Min.
Pro Glas: 330 kJ/79 kcal

1 Den Crème de Cassis (Johannisbeerlikör) in ein Weißweinglas geben und mit dem gekühlten Weißwein aufgießen. Einmal umrühren und servieren.

Variante: Für einen »Le Cardinal« wird der Johannisbeerlikör mit gekühltem Rotwein aufgegossen.

Info: Im Burgund wachsen nicht nur Spitzenweine, sondern auch Weine für jeden Tag wie der Aligoté, der spritzigherbe Wein aus einer einfachen, säurereichen Rebsorte. Damit ihnen ihr Alltagswein nicht gar zu sauer daherkommt, bessern die Burgunder ihn mit einem Spritzer Cassis auf.

Krambambuli

Aus Norddeutschland · Wärmt auf

Heißer Punsch aus Friesentee und Weißwein

Zutaten für 8 Gläser:
6 TL friesische Teemischung
1/2 unbehandelte Zitrone
2 Flaschen milder Weißwein (z.B. Weiß- oder Grauburgunder aus Rheinhessen oder Rheinpfalz), je 0,75 l · 50–100 g Zucker
350 ml Rum oder Arrak

Zubereitungszeit: 20 Min.
Pro Glas: 1200 kJ/290 kcal

1 Etwa 1 l Wasser aufkochen. Die Teemischung in eine vorgewärmte Teekanne geben, mit kochendheißem Wasser aufgießen, etwa 7 Min. ziehen lassen.

2 Zitrone heiß waschen, trockentupfen, Schale dünn abschälen. Den Wein mit Zucker und Zitronenschale in einem Topf langsam erhitzen, nicht kochen lassen. Den Topf vom Herd nehmen und den Rum oder Arrak dazugießen.

3 Den Tee durch ein feines Sieb dazugießen und unterrühren. Krambambuli gleich in Punsch- oder Teetassen aus hitzefestem Glas servieren.

Info: Großmutter setzte diesen Punsch gerne auf Vorrat an und füllte ihn in Flaschen. So hatte sie immer einen gehaltvollen Schluck zur Hand, wenn eine Nachbarin vorbeischaute, denn er schmeckt auch kalt.

Jul-Glögg

Aus Schweden · Wärmt auf

Weihnachtspunsch mit Rosinen und Mandeln

Zutaten für 6 Gläser:
1 1/2 l kräftiger Rotwein (z.B. Burgunder)
je 1 unbehandelte Orange und Zitrone · 400 ml Aquavit
100 g Rosinen · 100–150 g Zucker
1 Zimtstange · 1 TL Gewürznelken
5 weiße Kardamomkapseln
12 Mandeln oder Haselnüsse

Zubereitungszeit: 20 Min.
Pro Glas: 2100 kJ/500 kcal

1 Den Rotwein in einen großen Topf gießen. Die Orange und die Zitrone heiß abwaschen, trockentupfen, die Schalen hauchdünn abschälen und zum Wein geben. Die Hälfte des Aquavits, die Rosinen und den Zucker (Menge nach Geschmack) dazugeben.

2 Zimtstange, Gewürznelken und die aufgebrochenen Kardamomkapseln in ein Gazebeutelchen füllen, mit Küchengarn zubinden und in den Wein legen. Bei mittlerer Hitze bis zum Siedepunkt heiß werden lassen, etwa 10 Min. warm halten. Restlichen Aquavit dazugießen, Gewürzbeutelchen entfernen.

3 In große Punschgläser jeweils einige Rosinen, zwei Mandeln oder Haselnüsse geben, mit heißem Punsch auffüllen.

DIE WEINBAU-LÄNDER

Weinbau wird in vielen Teilen der Welt betrieben. Kerngebiet ist jedoch immer noch Europa mit seinen klassischen Weinländern. Von hier stammen drei Viertel aller Weine, vor allem aus Italien, Frankreich und Spanien. Doch auch in anderen Ländern werden hervorragende Weine produziert. Weltweiter Handel macht es möglich, neben einem kalifornischen einen südafrikanischen Wein zu probieren oder einen australischen mit einem chilenischen zu vergleichen. Der Weinbau ist wie der Wein lebendig und verändert sich ständig. Neue Gebiete werden erschlossen, modernere Verfahren werden entwickelt und erprobt, es gibt mehr gute Weine als je zuvor. Der Fortschritt wird die Tradition allerdings nicht verdrängen. Dafür sorgen knorrige, unbeugsame Winzer, die sich dem Diktat des Marktes entziehen. Sie setzen weiterhin auf alte Rebsorten und Ausbaumethoden. So entstehen Weine, in denen die Besonderheiten von Traube, Boden und Lage, von Keller und Fässern zu schmecken sind. Deshalb wird man neben den modern produzierten, zuverlässig sauberen, aber manchmal zu neutralen Weinen, die dem Geschmack der Masse entsprechen sollen, immer auch individuelle Weine mit Charakter finden.
Überall dort, wo Weinbau betrieben und Wein getrunken wird, kocht man auch mit Wein. Die klassischen Rezepte eines Weinlandes spiegeln seine Weinkultur wider. Was liegt also näher, als beides zusammenzuführen? So ganz nebenbei löst sich damit auch das Problem, welcher Wein zu welchem Gericht paßt: Der Wein, der in einer Region wächst, schmeckt auch immer zu dem Essen, das dort serviert wird. Weine und Speisen fördern sich gegenseitig. Wo deftig und bäuerlich gekocht wird, baut man auch kräftigeren, gehaltvolleren Wein an, wie in vielen Regionen Italiens und Spaniens. Zur leichten, eleganten Küche Kaliforniens werden entsprechend dezentere Weine serviert. Auf den nächsten Seiten möchten wir Sie auf eine Reise durch die verschiedenen Weinbauländer begleiten. Lernen Sie dabei die typischen Weine der einzelnen Regionen kennen und lassen Sie sich von ihren mit Wein zubereiteten Spezialitäten verführen.

Frankreich

Frankreich gilt als Weinland Nummer eins, obwohl es, an den Rebflächen gemessen, nur den dritten Platz hinter Spanien und Italien belegt. Doch die lange Weintradition und das Können der Winzer sind weltweit anerkannt. Außerdem gilt es als Land der Weintrinker und -genießer. Aufgrund des breiten Klimaspektrums, das von gemäßigt-kühlen Temperaturen bis zu sonnig-warmen Mittelmeertemperaturen reicht, ist die Vielfalt der Weine nahezu unüberschaubar. Es werden fruchtigrassige Weißweine ebenso erzeugt wie schwere, gehaltvolle Rotweine. Es gibt die einfachen Weine für jeden Tag, die sich jeder leisten kann, Weine für den Sonntag und auch die, die man sich vielleicht nur einmal in seinem Leben zu einem besonderen Ereignis gönnt.

Der Qualitätsmaßstab des französischen Weinbaus ist das »terroir«, was man zwar mit »Boden« übersetzen könnte, was aber nicht den Kern trifft. »Terroir« ist die Summe aller Einflüsse, die auf die Rebe einwirken: der Boden, die Feuchtigkeit, die Sonnenscheindauer, die Nähe zu einem Gewässer, die Nebelhäufigkeit und vieles mehr. Auch im Weingesetz spielt dieser Gedanke eine wichtige Rolle. Wenn das »terroir« stimmt, der Winzer die richtigen Rebsorten anbaut, die Ertragsmengen einhält und die Weinbereitung nach vorgegebenen Regeln vornimmt, erhält der Wein eine »Appellation d'Origine Contrôlée« (mit geprüfter Herkunftsbezeichnung), als »AOC« oder »AC« abgekürzt. Dies ist die Bezeichnung für die oberste Güteklasse und stellt zwar keine Garantie für die Qualität dar, wohl aber für einen typischen, verläßlichen Charakter.

Die »Vins délimités de qualité supérieur« (VDQS), einfachere Qualitätsweine, gibt es in bestimmten Regionen, für sie gelten ähnliche Anforderungen, doch ist diese Kategorie immer seltener zu finden, weil die Winzer sich anstrengen, statt dessen den AOC-Status zu erlangen.

»Vin de pays« sind Landweine einer bestimmten Region, die ebenfalls kontrolliert werden. Auf dem Etikett ist das Produktionsgebiet angegeben, häufig ist auch ein »Côte« (Hanglage in einem Gebiet) oder »Domaine« (größerer landwirtschaftlicher Betrieb) darauf zu finden, nie aber ein »Clos« (ursprünglich mit Mauern umgebener Weinberg, heute allgemeine Lagebezeichnung) oder »Château« (Weingut von mittlerer Größe mit eigenem Weinberg und eigener Kelterei). »Château« dürfen nur AOC- und VDQS-Weine im Namen führen.

Ein »Vin de table« (Tafelwein) ist der einfachste Wein für jeden Tag und wird größtenteils im Land selbst getrunken. Bei ihm genügt, daß er in Frankreich hergestellt wurde. Er unterliegt sonst keiner besonderen Klassifizierung.

In Frankreich findet man immer Zeit für einen »Ballon rouge«, den kleinen Rotwein im bauchigen Glas.

Bordeaux

Zwei Drittel der Weine sind Rotweine. Außer dem Médoc sind die Spitzengewächse von Saint-Émilion, Pomerol (Château Petrus gilt als einer der teuersten Rotweine der Welt), Blayais und Graves mit seinem Haut-Brion weltberühmt. Zu Fisch und Meeresfrüchten sind die frisch und fruchtig schmeckenden Weißweine von Entre-deux-Mers geschätzt.

Burgund

Im zweiten Anbaugebiet weltberühmter Weine sind nur vier Rebsorten zugelassen, die alle sortenrein ausgebaut werden. Für die Rotweine sind das Pinot Noir und Gamay, für Weißweine Chardonnay und Aligoté, wobei die letztere nur wenig Bedeutung hat. »Cru« (Gewächs) bezeichnet eine klassifizierte Lage, wobei die »Grand Crus« die Spitze sind. Auf dem Etikett erscheint nur der Lagenname (Romanée-Conti, Charmes-Chambertin) und die Bezeichnung »Grand Cru«. Die darunterliegende Stufe, »Premier Cru«, zeigt Lagenname und Weinort auf dem Etikett (Genrey-Chambertin/Clos St. Jacques).

Loire-Tal

Von vorwiegend weiß über rosé bis rot reicht das Spektrum der Loire-Weine. Sancerre, Pouilly-Fumé und Muscadet sind die bekannten Weißweine, Chinon und Bourgueil entdeckenswerte Rotweine.

Rhône

Eine Vielzahl von Weinen findet man am Tal der Rhône, die Rotweine Hermitage, Châteauneuf-du-Pape, Gigondas und einen der feinsten Rosé-Weine, den berühmten Tavel.

Provence und Languedoc-Roussillon

Bekannte Rotweine der Provence sind Coteaux d'Aix-en-Provence, Côtes du Luberon und Bandol. Schöne Rosé-Weine kommen aus Cassis. Eine Spezialität des Languedoc-Roussillon ist der edle rote Süßwein Banyuls. Weitere Rotweine sind Coteaux du Languedoc, Fitou, Minervois, Faugères und St. Chinian.

Dies ist nur eine kleine Auswahl. Die Champagne gilt es ebenso zu erforschen wie das Jura, Savoyen wie das Elsaß.

Im Anbaugebiet Monbazillac, im Südwesten Frankreichs, liegt das gleichnamige Château. Die feinen Weißweine gewinnt man hier aus Sémillon-, Sauvignon- und Muscadelle-Trauben.

Im Médoc werden die Merlot-Trauben geerntet, die die Spitzenrotweine dieses Anbaugebietes abrunden.

Kartoffeln in Weißwein

Aus dem Burgund · Gelingt leicht

Matelote de Pommes de Terre

Zutaten für 4 Portionen:
250 g Schalotten, ersatzweise kleine Zwiebeln · 3 EL Butter
750 g Kartoffeln, festkochend
1 EL Mehl
150 ml trockener Weißwein (z.B. aus dem Burgund)
150 ml Kalbsfond (aus dem Glas), ersatzweise Gemüsebrühe
1 Zweig getrockneter Thymian
Salz
schwarzer Pfeffer, frisch gemahlen

Zubereitungszeit: 20 Min. (+ 40 Min. Garen)

Pro Portion: 1200 kJ/290 kcal

1 Die Schalotten schälen, den Wurzelansatz abschneiden. In einer flachen Schmorpfanne die Butter zerlassen, die Schalotten darin unzerteilt bei schwacher bis mittlerer Hitze etwa 15 Min. dünsten, bis sie goldgelb sind.

2 Inzwischen die Kartoffeln waschen, schälen und in zentimeterdicke Scheiben schneiden.

3 Das Mehl über die Schalotten streuen und unterrühren. Den Weißwein und den Kalbsfond angießen, die Kartoffelscheiben und den Thymianzweig dazugeben, mit Salz und Pfeffer würzen. Fest zugedeckt 30–40 Min. bei schwacher Hitze schmoren lassen. Kartoffeln dabei gelegentlich mit einem Bratenwender vom Topfboden lösen.

Tip! Als warmes Zwischengericht oder als Gemüsebeilage zu Steaks oder Koteletts zu einem trockenen Weißwein servieren.

Hähnchen in Wein-Sahne

Aus der Bresse · Geht schnell

Suprêmes de Volaille Suzanne

Zutaten für 4 Portionen:
4 Hähnchenbrustfilets (je 150 g), ohne Haut · Salz
weißer Pfeffer, frisch gemahlen
3 EL Erdnußöl
3 EL Butter
2 EL Cognac, ersatzweise Weinbrand
200 ml gehaltvoller Weißwein (z.B. Jurançon sec, Côtes du Jura oder Arbois)
2 frische Eigelb · 200 g Sahne
2 EL frisch gehackte oder ganze Kräuter (Petersilie, Estragon, Basilikum, Schnittlauch und Kerbel)

Zubereitungszeit: 30 Min.

Pro Portion: 2200 kJ/520 kcal

1 Die Hähnchenfilets kurz abspülen, mit Küchenpapier trockentupfen, rundum salzen und pfeffern. In einer Schmorpfanne das Öl erhitzen und die Filets darin auf beiden Seiten bei mittlerer Hitze in etwa 5 Min. goldbraun anbraten. Aus der Pfanne heben und das Bratöl weggießen. Eine Servierplatte im Ofen bei 75° (Umluft 50°) vorwärmen.

2 Die Butter in die Pfanne geben und bei mittlerer Hitze zerlassen, aber nicht bräunen. Die Hähnchenfilets wieder in die Pfanne legen und in der Butter umwenden. Den Cognac und den Wein dazugießen, offen bei mittlerer bis starker Hitze in etwa 5 Min. auf ein Drittel der Menge einkochen.

3 Inzwischen die Eigelbe mit 3 EL Sahne verrühren. Die restliche Sahne in die Pfanne gießen und unter Rühren etwa 3 Min. kochen lassen. Die Pfanne vom Herd nehmen, die Temperatur auf schwächste Hitze herunterschalten. Die Hähnchenfilets auf die vorgewärmte Platte legen und warm stellen.

4 Die angerührten Eigelbe in die Sahnesauce quirlen, zurück auf die Herdplatte stellen und kräftig rühren, bis die Sauce andickt – sie darf aber nicht kochen, sonst gerinnen die Eigelbe. Die Sauce über die Hähnchenfilets gießen, mit den Kräutern bestreuen oder garnieren, mit Baguette zu einem gehaltvollen Weißwein servieren.

Variante: Etwa 100 g Champignons putzen und in Scheiben schneiden, 2 Schalotten schälen und sehr fein hacken, beides mit den Hähnchenfilets anbraten.

Geschmortes Rindfleisch

Für Gäste · Würzig

Bœuf bourguignon

Zutaten für 4 Portionen:
800 g Rindfleisch zum Schmoren (z. B. Schulter)
1 Zwiebel
350 ml Rotwein (Burgunder)
2 EL Öl zum Braten
4 EL Butter · 1 EL Mehl
200 ml Rinderfond (aus dem Glas)
1 Bouquet garni aus den Stielen von 1 Bund Petersilie (Blätter aufbewahren), 1 Zweig Thymian, 1 Lorbeerblatt, in 2 grüne Lauchblätter eingewickelt und mit Küchengarn zusammengebunden
Salz · schwarzer Pfeffer, frisch gemahlen
100 g durchwachsener Speck, ohne Schwarte
150 g sehr kleine Champignons
100 g Schalotten

Zubereitungszeit: 30 Min. (+ 3 Std. Marinieren + 2 ½ Std. Garen)

Pro Portion: 2700 kJ/640 kcal

1 Das Rindfleisch in etwa 5 cm große Stücke schneiden. Die Zwiebel schälen und grob würfeln. Beides in eine Schüssel geben und mit Rotwein übergießen. Zugedeckt mindestens 3 Std. bei Zimmertemperatur marinieren. Fleisch auf ein Sieb geben, gut abtropfen lassen, die Marinade auffangen, Fleisch mit Küchenpapier trockentupfen.

2 In einem breiten Schmortopf bei mittlerer Hitze das Öl und die Hälfte der Butter heiß werden lassen, die Fleischwürfel darin rundum anbraten. Die gebräunten Fleischwürfel herausheben.

3 Das Mehl über das Bratfett streuen und unter Rühren nußbraun anrösten. Die aufgefangene Marinade und den Fond aufgießen, unter Rühren aufkochen lassen. Das Fleisch und das Bouquet garni dazugeben, alles mit Salz und Pfeffer würzen und fest zugedeckt bei schwächster Hitze etwa 2 Std. schmoren.

4 Kurz vor Ende der Garzeit den Speck in Streifen schneiden und etwa 5 Min. in kochendem Wasser überbrühen. Champignons mit Küchenpapier sauberwischen. Die Schalotten schälen, Wurzelansatz abschneiden. Die restliche Butter erhitzen und den Speck, die unzerteilten Pilze und Schalotten darin etwa 5 Min. anbraten. Danach unter das Fleisch rühren und etwa 30 Min. bei schwächster Hitze weiterschmoren. Das Bouquet garni entfernen, Bœuf bourguignon nachwürzen und mit den Petersilienblättchen bestreut servieren.

Wein: Dazu paßt der gleiche rote Burgunder, mit dem Sie auch die Marinade zubereitet haben.

Info: Bœuf bourguignon ist ein typisches Gericht des Burgunds, das die berühmten Produkte dieser Region, den gehaltvollen Rotwein und das Fleisch der Charolais-Rinder, das sich besonders dafür eignet, vereint.

Pfirsiche in Dessertwein

Aus dem Burgund · Für Gäste

Pêches au Rasteau

Zutaten für 4 Portionen:
6 reife, feste Pfirsiche
¼ l Rasteau (süßer Weißwein aus dem Burgund), ersatzweise milder Muskatwein
½ Zimtstange (etwa 3,5 cm lang)

Zubereitungszeit: 20 Min. (+ 40 Min. Ziehen lassen)

Pro Portion: 470 kJ/110 kcal

1 In einem Topf reichlich Wasser aufkochen. Die Pfirsiche darin kurz überbrühen, herausheben, mit kaltem Wasser abschrecken und die Haut abziehen. Die Pfirsiche halbieren, entsteinen und in Spalten schneiden. In eine Schüssel geben, mit dem Rasteau übergießen und etwa 30 Min. ziehen lassen.

2 Den Wein in einen Topf geben, mit der Zimtstange bei mittlerer Hitze aufkochen und die Pfirsichspalten hineingeben. Zugedeckt bei schwacher Hitze etwa 10 Min. ziehen lassen.

3 Die Pfirsiche mit einem Schaumlöffel in eine Schüssel heben. Den Weinsud bei starker Hitze auf die Hälfte der Menge einkochen lassen, über die Pfirsiche gießen und abkühlen lassen. Zimmerwarm servieren.

Italien

Die Canaiolo-Reben, deren Traube dieser toskanische Bauer gepflückt hat, ist eine sehr alte Rotweinrebe. Chianti wird mit ihr verschnitten.

Wenn Frankreich das Land der Tradition ist, so ist Italien das Land der Experimente. Die jungen Winzer scheren sich wenig um gesetzliche Bestimmungen und bemühen sich um einen eigenen Stil. Und wenn er nicht zu klassifizieren ist, wird der Wein eben als »Vino da Tavola«, als Tafelwein verkauft. Dem Käufer wird der Preis dann schon sagen, daß er einen außergewöhnlichen Wein vor sich hat.

Außer den Tafelweinen kennt das italienische Weingesetz noch zwei weitere Stufen: die nächsthöhere »Denominazione di Origine Controllata« (DOC) wird für Weine vergeben, die innerhalb eines Bereichs nach festgelegten Vorschriften bereitet wurden. Die Kontrolle bezieht sich aber nicht auf die Qualität. Anders ist es bei der Spitzenstufe »Denominazione di Origine Controllata e Garantita« (DOCG). Sie unterliegt strengeren Bestimmungen und Kontrollen als die DOC.

Erweitert wird die Abstufung noch durch die Classico-Bereiche. Mit diesem zusätzlichen Prädikat werden die engeren Bereiche innerhalb eines bestimmten Anbaugebiets bezeichnet, zum Beispiel des Chianti, den einige DOC-Zonen haben und aus denen meist die besten Weine stammen.

»Riserva« oder »Riserva Speciale« dürfen sich sehr gute DOC- oder DOCG-Weine nennen, die eine vorgeschriebene Reifezeit hinter sich haben. Steht auf einem Etikett »Superiore«, bedeutet das nur, daß der Wein einen höheren Alkoholgehalt hat.

Beachtenswert sind die italienischen Weine auf jeden Fall. Einerseits wegen ihrer Vielfalt, andererseits wegen des oft erstaunlich guten Preis-Leistungs-Verhältnisses.

Toskana

Diese Region ist das Land des Chianti, der traditionell aus der Sangiovese-Traube, oft im Verschnitt, gekeltert wird. Die strengen DOCG-Bestimmungen für das Classico-Gebiet und die Rückbesinnung auf Qualität haben dazu geführt, daß der Chianti wieder sein Korbflaschen-Image verloren hat und heute zu den besten Weinen gezählt werden kann. Auch der Carmignano, der Vino Nobile di Montepulciano und der Brunello di Montalcino sind zuverlässig gute Rotweine.

Piemont

Neben der Toskana ist das Piemont ein Gebiet, das sehr gute Weine hervorbringen kann. An der Spitze stehen Barolo und Barbaresco, beides mächtige Rotweine aus der Nebbiolo-Traube, die sich erst nach einigen Jahren der Flaschenreife erschließen. Auch die Barbera-Traube kann hier sehr gute Weine hervorbringen, wenn sie auf guten Lagen wächst und in Eichenfässern ausgebaut wird.

Der Norden

Südtirol, Trentino, Friaul-Julisch-Venetien und Venetien gehören zu den Regionen, in denen es sowohl anspruchslose Rotweine wie den Kalterer See, Bardolino, Valpolicella oder den weißen Soave ebenso wie spritzigen Prosecco gibt.

Daneben streben aber engagierte Winzer nach Klasse. Einen Versuch wert sind die Rotweine aus der Teroldego-Traube, eine Spezialität des Trentinos. Auch die Weißweine aus den Rebsorten Chardonnay, Pinot Bianco und Pinot Grigio können sich mittlerweile sehen lassen. In der Lombardei zählt der

rubin- bis granatrote Franciacorta Rosso zu den besten trockenen Rotweinen.

Der Apennin

Die Weine von den Hängen dieses Gebirges können Massen- oder Klasseweine sein, so wie der perlende Rotwein Lambrusco oder auch der rote Sangiovese di Romagna. Zuverlässiger ist der Montepulciano d'Abruzzo, der zu den besten Rotweinen Mittelitaliens zählt. Großer Beliebtheit erfreut sich auch der frische, delikate Verdicchio, ein Weißwein aus der gleichnamigen Rebsorte.

Die Mitte und der Süden

Auch wenn Namen wie Frascati und Orvieto weithin bekannt sind – mehr als trinkbare Alltagsweine sind außerhalb Italiens selten zu erwarten. Andererseits heißt das nicht, daß es von Umbrien bis Sizilien keine Entdeckungen zu machen gäbe. Immerhin findet man hier noch eigenständige Spezialitäten, die sich nicht in das Schema der eleganten, aber manchmal doch sehr glatten modernen Weine einordnen lassen, wie die Rotweine Taurasi, Cannonau di Sardegna, Duca Enrico sowie der rote oder weiße Cirò.

Die Reben für den DOC-Wein Orvieto werden um die gleichnamige umbrische Stadt herum angebaut.

An der steilen ligurischen Küste wächst der Wein in terrassierten Weinbergen.

Fischsuppentopf

Deftig · Braucht etwas Zeit

Cacciucco alla Toscana

Zutaten für 4 Portionen:
1 kg gemischte ganze Fische (z.B. Rotbarben, Knurrhahn, Meeraal, Makrele)
2 Zwiebeln
2 Stangen Staudensellerie
1/2 Bund Petersilie
1/4 l trockener Weißwein
1 Zweig frischer Thymian
1 Lorbeerblatt · 500 g Tomaten
3 Knoblauchzehen
5 EL Olivenöl · Salz
weißer Pfeffer, frisch gemahlen
1 Döschen Safranfäden (0,01 g)
1/2 TL gerebelter Oregano
2–3 EL Zitronensaft
Zum Garnieren: Oreganoblättchen

Zubereitungszeit: 1 Std.
Pro Portion: 1700 kJ/400 kcal

1 Die Fische waschen, nach Belieben enthäuten und die Filets von den Gräten lösen. Aus den Fischköpfen die Kiemen entfernen.

2 Die Zwiebeln schälen und in Scheiben schneiden. Den Staudensellerie waschen und in Stücke schneiden. Die Petersilie waschen, die Blättchen abzupfen, anderweitig verwenden, die Stengel grob zerschneiden.

3 In einem großen Topf den Wein mit 1/2 l Wasser, Zwiebelscheiben, Staudensellerie, Petersilienstengeln, Thymian und Lorbeer aufkochen, die gesäuberten Fischköpfe, Flossen, Filetierreste, Haut und Gräten dazugeben und offen etwa 20 Min. bei schwacher Hitze leise köcheln lassen. Den Sud durchsieben.

4 Die Tomaten mit kochendheißem Wasser überbrühen, häuten und die Stielansätze entfernen, Tomaten halbieren und in grobe Stücke schneiden. Den Knoblauch häuten und kleinhacken.

5 In einem großen Topf das Öl bei mittlerer Hitze heiß werden lassen. Die Fischfilets quer halbieren und im Öl etwa 3 Min. auf jeder Seite anbraten, herausheben. Die Tomaten und den Knoblauch im Öl anbraten, den Fischsud und die Fischstücke dazugeben, mit Salz, Pfeffer, Safran, Oregano und Zitronensaft würzen. Bei schwacher Hitze etwa 5 Min. ziehen lassen, in eine Terrine füllen. Die Oreganoblättchen über den Fischtopf streuen. Mit toskanischem Weißbrot zu einem weißen Vernaccia di San Gimignano servieren.

Zwiebeln in Weißwein

Aus dem Piemont · Süß-sauer

Cipolle all'agrodolce

Zutaten für 4 Portionen:
500 g sehr kleine Zwiebeln (Cipolline, Grillzwiebeln oder frische Perlzwiebeln) · 3 EL Olivenöl
100 ml Weißwein (z.B. Soave, Galestro aus der Toskana oder Rosé-Wein, z. B. Chiaretto)
Saft von 1/2 Zitrone
1/2 TL getrockneter Thymian
1/2 TL gerebelter Oregano · Salz
schwarzer Pfeffer, frisch gemahlen
2 EL Honig · Olivenöl zum Beträufeln

Zubereitungszeit: 25 Min. (+ 20 Min. Garen)

Pro Portion: 630 kJ/150 kcal

1 Die Zwiebeln schälen. In einem flachen, breiten Topf das Öl bei schwacher bis mittlerer Hitze heiß werden lassen und die Zwiebeln darin unter gelegentlichem Wenden zugedeckt goldbraun schmoren.

2 Wein, Zitronensaft, Thymian, Oregano, Salz und Pfeffer dazugeben und alles offen etwa 20 Min. bei schwacher Hitze köcheln lassen, bis der Sud fast eingekocht ist. Dann den Honig unterrühren und nochmals aufkochen.

3 In eine Schüssel füllen und abkühlen lassen. Mit etwas frischem Olivenöl beträufeln und als Vorspeise servieren.

Variante:
Marinierte Zwiebeln (Oignons en marinade)
In Frankreich, Provence, werden kleine Perlzwiebeln ganz ähnlich mit 2 in Scheiben geschnittenen Knoblauchzehen angebraten, mit 1 EL Essig und 100 ml Weißwein (z.B. Coteaux d'Aix-en-Provence) aufgegossen und mit den Scheiben von 1 unbehandelten Zitrone, 2–3 EL Sultaninen, 1 TL Kräutern der Provence und Samen von 3 Korianderkapseln etwa 30 Min. zugedeckt bei schwacher Hitze geschmort. Die Zwiebeln werden mit den Zitronenscheiben in eine Schüssel gefüllt, der Sud kräftig eingekocht und darübergegossen.

Kaninchen in Tomatensauce

Aus Ischia · Für Gäste

Coniglio all'ischitana

Zutaten für 4 Portionen:
1 Kaninchen (etwa 1,2 kg), küchenfertig vorbereitet
500 g reife Eiertomaten, ersatzweise 1 große Dose geschälte Tomaten, ohne Saft
2 Knoblauchzehen
1 große Möhre · 2 EL Olivenöl
2 EL Schweineschmalz
2 getrocknete rote Peperoncini (Chilischoten)
1/2 l trockener Weißwein (z.B. aus Ischia) · Salz
schwarzer Pfeffer, frisch gemahlen
1 Bund Basilikum
Für die Beilage:
750 g Kartoffeln, festkochend
5 EL Olivenöl
2 TL frische oder getrocknete Rosmarinnadeln

Zubereitungszeit: 1 Std.

Pro Portion: 3300 kJ/790 kcal

1 Das Kaninchen mit Küchenpapier trockentupfen und mit einem großen Messer in etwa 5 cm große Stücke zerteilen. Die Tomaten überbrühen und häuten, quer halbieren, entkernen, grob hacken, dabei Stielansätze entfernen. Die Knoblauchzehen häuten, längs halbieren. Die Möhre schälen und quer in dünne Scheiben schneiden.

2 In einem großen flachen Schmortopf oder einer Pfanne mit Deckel das Öl mit dem Schmalz bei mittlerer Hitze heiß werden lassen, Knoblauch und Möhrenscheiben darin etwa 5 Min. anbraten, Fleisch und Peperoncini dazugeben, unter Wenden rundum bräunen.

3 Den Wein angießen, bei starker Hitze unter Rühren fast einkochen lassen. Die Tomatenstücke und wenig Wasser dazugeben, unter Rühren in etwa 10 Min. zerfallen lassen. Mit Salz und Pfeffer würzen. Zugedeckt bei schwacher Hitze etwa 30 Min. schmoren, bei Bedarf etwas Wasser nachgießen. Das Basilikum waschen, die Blättchen abzupfen und grob hacken.

4 Für die Beilage die Kartoffeln schälen und in dicke Stifte wie für Pommes frites schneiden. In einer Pfanne das Olivenöl bei mittlerer Hitze heiß werden lassen, die Kartoffelstifte darin unter Wenden goldbraun braten, salzen und pfeffern und die Rosmarinnadeln darüber streuen.

5 Das Kaninchenragout mit dem gehackten Basilikum bestreuen und mit den Rosmarinkartoffeln servieren.

Weinschaum mit Beeren

Aus dem Piemont · Geht schnell

Zabaione ai frutti di bosco

Zutaten für 4 Portionen:
200 g frische gemischte Beeren (möglichst kleine Waldbeeren wie wilde Erdbeeren, Himbeeren, Brombeeren, Preiselbeeren, Heidelbeeren und dazu Johannisbeeren)
1/2 unbehandelte Zitrone
4 EL Zucker · 4 ganz frische Eigelb
4 EL trockener Marsala-Wein (Likörwein aus Sizilien)
Puderzucker nach Belieben

Zubereitungszeit: 30 Min.

Pro Portion: 580 kJ/140 kcal

1 Die Beeren in einer Schüssel mit lauwarmem Wasser kurz, aber gründlich waschen, in ein Sieb heben und abtropfen lassen. Die Blütenansätze und Stengel (außer bei Johannisbeeren) entfernen. Die Beeren ohne Johannisbeeren vermischen.

2 Zitrone heiß waschen, trockentupfen, etwa 1 TL Schale abreiben, die Zitrone auspressen und den Saft über die vermischten Beeren träufeln. Johannisbeeren in etwas Zucker wälzen, so daß sie wie bereift aussehen.

3 Einen Topf mit Wasser erhitzen. Eine Edelstahlschüssel (Schlagkessel) mit rundem Boden auf das leicht siedende Wasserbad setzen. Die Eigelbe mit restlichem Zucker und der abgeriebenen Zitronenschale in der Schüssel mit dem Schneebesen weißschaumig aufschlagen, den Wein nach und nach dazuträufeln. Bei schwacher Hitze zu einer dickschaumigen Creme aufschlagen. Auf Teller verteilen, mit den Beeren und Puderzucker garnieren.

Variante:
Weinschaum mit Muscat-Sekt
(Sabayon au Muscat)
Den Weinschaum nach Art der Côtes du Rhône mit Muscat-Sekt (Clairette de Die traditionnel, aus Clairette- und Muscat-Trauben im Flaschengärverfahren hergestellt, oder Asti Spumante aus Italien) aufschlagen, in Gläser füllen und mit einem Hauch frisch geriebener Muskatnuß bestreut servieren.

Spanien, Portugal

Spanien hat die größte Rebfläche der Welt, steht jedoch bei der Menge des erzeugten Weines erst an dritter Stelle. Das trockene Klima verhindert es, daß so viel Wein erzeugt wird, wie es der Fläche entsprechen würde. Noch kennen viele nur Rioja und natürlich den mit Branntwein versetzten Sherry, der gerne als Aperitif getrunken wird. Aber es lohnt sich, die oft eigenständigen, noch nicht so bekannten Weine aufzuspüren, die zudem den Vorteil haben, preisgünstig zu sein.

Die Weingesetze entsprechen in Spanien und Portugal den Regeln der Europäischen Union. Neben einfachen Land- und Tafelweinen gibt es die Ursprungsbezeichnungen »Denominación de Origen« (DO) und die noch strengere »Denominación de Origen Calificada« (DOC) in Spanien, die »Denominaçã de origem controlada« in Portugal. Diese Weine werden geprüft und erhalten ein Siegel. Spanische Weine können zu ihrer Lagerzeit (von Region zu Region verschieden) noch Hinweise tragen: »Crianza« für bis 18 Monate gelagerte Weine, »Reserva« und »Gran Reserva« für Rotweine, die mindestens drei oder fünf Jahre gelagert wurden.

Das größte Gebiet mit feinen Weinen in Spanien ist Rioja, das Land am Rio Oja, das in die Bereiche Rioja Baja, Rioja Alavesa und die besonders geschätzte Rioja Alta eingeteilt wird. Die oberste Weinkontrollbehörde in Rioja, Consejo Regulador, hat ein außergewöhnlich engmaschiges Kontrollnetz aufgebaut, um jede Flasche vom Weinberg bis zum Konsumenten verfolgen zu können. Die charaktervollen Rotweine sind meist ein Verschnitt aus der Tempranillo-Traube mit anderen Sorten. Traditionell wird ein Rioja in kleinen, neuen Eichenholzfäßchen (Barricas) ausgebaut, wobei heute eine Tendenz zu jüngeren, fruchtigeren Crianzas zu beobachten ist. Das Rioja ist das wohl einzige Gebiet, aus dem die meisten Weine erst auf den Markt kommen, wenn sie Trinkreife erreicht haben. Dann überraschen sie mit ihrer Fülle und Weichheit, dem Bukett von reifen Pflaumen und Vanille. Doch auch die Weine und Cavas

Auf Schiffen wie diesem wurde früher der Portwein auf dem Douro transportiert.

(champagnerähnliche Schaumweine) des Penedés in Katalonien, der Weißwein Albariño des feuchten Galiziens oder die feurigen Rotweine von Andalusien, die bodenständigen, einfachen und leichten Valdepeñas-Weine der La Mancha, die in ganz Spanien zum Essen getrunken werden, sind ebenso interessant wie der Bereich Ribera del Duero nordwestlich von Madrid mit großen, teuren Rotweinen (z.B. dem legendären Vega Sicilia), Rueda mit seinen hervorragenden Weißweinen und Navarra, dem nordöstlichen Nachbarn von Rioja. Die besten Weine der Kanarischen Inseln sind die Rotweine von El Hierro, Lanzarote und Teneriffa. Den alkoholreichen, trockenen oder süßen weißen Malvasia aus Teneriffa trinkt man auch verdünnt als Aperitif oder als Erfrischung.

Portugal ist das Weinland in Europa, das noch die meisten Überraschungen bieten wird. Schon länger auch außerhalb Portugals bekannt sind der »Vinho verde«, der »grüne«, junge Wein (weiß oder rot) aus der Provinz Minho, der sherryähnliche Portwein von den Weinbergen am Fluß Douro, die Rotweine aus der Region Dão, die milden Rosé-Weine von Mateus und der süße Dessertwein Moscatel de Setúbal wie auch die Madeira-Weine von der gleichnamigen Insel. Die Weine von Oeste, wie die Provinz Estremadura inoffiziell genannt wird, die Rotweine von Setúbal und der Region Bairrada, die Weine des fruchtbaren Tales Ribatejo oder von der Halbinsel Arrabida sind auf den ausländischen Märkten bisher schwer zu finden. Wichtiger als die gesetzliche Abgrenzung der Anbaugebiete (Indicação de Proveniência Regulamentada, IPR), die noch im Aufbau steckt, ist der Erzeuger, der Trauben aufkauft, den Wein ausbaut und unter dem eigenen Namen, der auch auf dem Etikett steht, verkauft. Mit »Vinho maduro« wird ein gereifter Wein, mit »Reserva« ein Wein besserer Qualität und mit »Garrafeira« (Privatkeller) ein voll ausgereifter Wein von bester Qualität bezeichnet. Während sich die Kellertechnik dem europäischen Standard nähert, sind die Traubensorten Portugals noch weitgehend unbekannt, so daß die Weine aus den Reben Alfrochoeiro Preto, Alvarinho, Baga, Espadeiro, Tinta Pinheira oder Tinto Cão einfach anders schmecken als die aus den weltweit angebauten Standardsorten. Es ist zu hoffen, daß diese Vielfalt auch weiterhin erhalten bleibt und die knorrigen, würzigen Weine, die manchmal nach Pfeffer, Tabak und Leder duften, ihren Platz in der Reihe der Pinot-Noir- und Cabernet-Weine finden.

Im Anbaugebiet Ribera del Duero, das für seine großen, teuren Rotweine bekannt ist, liegt das Schloß von Peñafiel.

Die weißen Traubensorten des Penedés in Katalonien werden zu spanischen Cavas (Schaumweinen).

Marinierte Möhrenscheiben

Aus Andalusien · Geht schnell

Zanahorias al vinagre

Zutaten für 4 Portionen:
500 g mittelgroße Möhren
4 Knoblauchzehen
1 TL Kreuzkümmelsamen
1 TL grobes Meersalz
2 Zweige frischer oder
1 TL getrockneter Oregano
½ Bund Petersilie
4 EL Olivenöl
150 ml trockener Weißwein
(z.B. Penedés oder Rioja)
schwarzer Pfeffer, frisch gemahlen
3 EL Zitronensaft

Zubereitungszeit: 35 Min.

Pro Portion: 590 kJ/140 kcal

1 Die Möhren waschen, schälen und quer in ½ cm dicke Scheiben schneiden (oder hobeln). Die Knoblauchzehen häuten und in ganz dünne Scheibchen schneiden. Den Kreuzkümmel mit Salz im Mörser grob zerstoßen. Den Oregano und die Petersilie waschen, die Blättchen abzupfen und getrennt voneinander fein hacken.

2 In einem Schmortopf das Olivenöl bei mittlerer Hitze heiß werden lassen, die Knoblauchscheiben darin glasig dünsten. Die Möhrenscheiben unterrühren und etwa 3 Min. anbraten. Das Salz mit dem Kreuzkümmel und den gehackten Oregano darüber streuen, unterrühren und den Weißwein aufgießen. Die Möhren zugedeckt bei schwacher Hitze etwa 10 Min. dünsten.

3 Mit Salz und Pfeffer abschmecken, in eine Schüssel füllen, mit Zitronensaft beträufeln und mit der gehackten Petersilie bestreuen. Noch lauwarm oder abgekühlt als Vorspeise servieren.

Tip! Die gedünsteten Möhren können Sie auch vorbereiten und im Kühlschrank bis zum nächsten Tag aufheben. Der Kreuzkümmel ist bei diesem Gericht nicht durch normalen Kümmel zu ersetzen, denn er gibt den typischen Geschmack. Statt Weißwein können Sie auch einen trockenen Sherry nehmen und die Möhren zum Schluß mit 1 Prise Zucker abrunden.

Muscheln in Weinsud

Von den Kanaren · Geht schnell

Mejillones en escabeche

Zutaten für 4 Portionen:
2 kg Miesmuscheln
10 Knoblauchzehen
4 EL Olivenöl
2–3 getrocknete rote Chilischoten
1 TL getrockneter Thymian
2 TL mildes Paprikapulver
2 Gewürznelken · 1 Lorbeerblatt
3 EL Sherry-Essig
1/4 l trockener Weißwein
(z.B. Penedés oder Rueda)
Salz
schwarzer Pfeffer, frisch gemahlen
1/2 TL gerebelter Oregano
1 Bund glatte Petersilie
zum Garnieren: Thymianblättchen

Zubereitungszeit: 50 Min.

Pro Portion: 1100 kJ/260 kcal

1 Die Muscheln zum Entsanden in kaltes Wasser schütten, wässern und dann verlesen: alle geöffneten Muscheln, die sich auch bei leichtem Anklopfen nicht schließen oder deren Schale beschädigt ist, wegwerfen. Die anderen unter fließendem Wasser bürsten, dabei die harten Fäden entfernen. Muscheln abtropfen lassen.

2 Die Knoblauchzehen häuten und in feine Scheiben schneiden. In einem großen Topf das Olivenöl bei mittlerer Hitze heiß werden lassen, den Knoblauch etwa 5 Min. darin andünsten. Chilis zerbröseln, mit Thymian, Paprika, Nelken und Lorbeer zum Knoblauch geben, mit Essig und Wein aufgießen und zugedeckt etwa 10 Min. kochen. Dann die Temperatur auf stärkste Hitze erhöhen, die Muscheln in den Topf geben, mit Salz, Pfeffer und Oregano bestreuen und zugedeckt 5–7 Min. unter gelegentlichem Rütteln des Topfes kochen, bis sich die Muscheln geöffnet haben.

3 Inzwischen die Petersilie waschen, Blättchen abzupfen, grob hacken. Muscheln, die sich nach der Garzeit nicht geöffnet haben, aussortieren, sie könnten verdorben sein. Die übrigen in eine Schüssel füllen, den würzigen Sud darüber träufeln (den sandigen Bodensatz zurücklassen), mit Petersilie und Thymian bestreut servieren.

Variante: In Spanien werden die Muscheln auch mit 1 unbehandelten, in Scheiben geschnittenen Zitrone und 1 in Ringe geschnittenen Zwiebel gegart und mit 1 Bund frischer, gehackter Pfefferminze bestreut serviert.

Geschmorte Tauben

Aus Andalusien · Würzig

Pichones con chocolate

Zutaten für 4 Portionen:
4 frische Tauben (je 350 g), küchenfertig vorbereitet
Salz
schwarzer Pfeffer, frisch gemahlen
2 mittelgroße Zwiebeln
3 Knoblauchzehen
3 EL Olivenöl
300 ml trockener Rotwein (z.B. Rioja, Penedés)
2 EL Rotweinessig
1 Lorbeerblatt
50 g Edelbitterschokolade (70% Kakaoanteil)

Zubereitungszeit: 1 Std.

Pro Portion: 2100 kJ/500kcal

1 Die Tauben waschen, mit Küchenpapier trockentupfen und sauber putzen. Die Bauchhöhle salzen und pfeffern. Die Zwiebeln schälen, die Knoblauchzehen häuten und beides fein hacken.

2 Eine Servierplatte im Backofen bei 75° (Umluft 50°) vorwärmen. In einem tiefen Bräter das Olivenöl bei mittlerer Hitze heiß werden lassen, die Tauben darin rundum in etwa 7 Min. anbräunen, aus dem Bräter heben und auf der Platte im Ofen warm stellen.

3 Zwiebeln und Knoblauch im verbliebenen Öl bei mittlerer Hitze hellgelb anschmoren, den Wein und den Essig aufgießen, das Lorbeerblatt dazugeben und zugedeckt etwa 15 Min. bei schwacher Hitze köcheln lassen.

4 Die Tauben in den Weinsud legen, unter gelegentlichem Wenden etwa 20 Min. bei schwacher Hitze zugedeckt schmoren. Tauben herausnehmen und wieder im Ofen warm stellen.

5 Die Schokolade auf einer Gemüseraspel in den heißen Weinsud reiben und unter Rühren auflösen, aber nicht kochen lassen. Salzen, pfeffern und über die Tauben gießen. Sofort mit kleinen Salzkartoffeln servieren.

Info: Die spanischen Eroberer lernten von den Azteken nicht nur, aus Kakao ein Getränk zu bereiten, sondern auch die Schokolade als Gewürz zu verwenden. So gibt es heute in Mexiko und Spanien die Saucen mit bitterer Schokolade zu Schmorgerichten.

Sangria

Aus Fuerteventura · Erfrischend

Rotweinbowle

Zutaten für 4 Portionen:
1 Flasche trockener spanischer Rotwein (z.B. Penedés oder Rioja Crianza), 0,75 l
4 cl Orangenlikör (Cointreau)
8 cl brauner Rum
8 cl spanischer Brandy
1 unbehandelte Orange
1 unbehandelte Zitrone · 1 Apfel
1 reife, aber feste Banane
2 EL Zucker
1 Prise Muskatnuß, frisch gerieben
12–15 Eiswürfel

Zubereitungszeit: 20 Min. (+ 1 Std. Ziehen lassen)
Pro Portion: 1600 kJ/380 kcal

1 Den Rotwein in einen großen Krug füllen, mit Orangenlikör, Rum und Brandy vermischen.

2 Die Orange, die Zitrone und den Apfel heiß abwaschen, trockenreiben. Den Apfel vierteln, Kerngehäuse entfernen. Die Apfelviertel in etwa 1 cm große Würfel schneiden. Die Zitrusfrüchte vierteln und in kleine Stücke schneiden. Die Banane schälen, längs vierteln und in kleine Stücke schneiden. Alles mit Zucker und Muskat zum Wein geben.

3 Die Sangria etwa 1 Std. bei Zimmertemperatur ziehen lassen. Dann die Eiswürfel dazugeben und servieren.

Info: Sangria ist die erfrischende Rotweinbowle mit Früchten, für die jede Familie und jedes Restaurant eigene Rezepte hat. Diese Sangria von den Kanarischen Inseln ist zwar sehr fruchtig und lecker, aber auch sehr alkoholreich. Leichter ist eine Mischung aus 1 Zitrone, 1 Orange und 1 Pfirsich in Würfelchen geschnitten, mit Zucker bestreut und mit 1 Flasche Rotwein übergossen, nach dem Ziehen mit knapp 1/2 l Mineralwasser verdünnt. Mit Eiswürfeln servieren. Beliebt ist auch »Tinto con casera«, eine Mischung aus Rotwein und Zitronenlimonade, die im Sommer gern zum Essen getrunken wird.

Deutschland, Österreich, Schweiz

Deutschland gilt als das am schwersten überschaubare Weinland mit dem kompliziertesten Weingesetz. Der Zuckergehalt der Trauben entscheidet über die Qualitätsstufe, der ein deutscher Wein zugeordnet wird. Dadurch ist hier das Verhältnis von einfachen Tafel- und Landweinen zu den höherwertigen Weinen auf den Kopf gestellt. Selbst in einem mageren Jahr wie 1995 gibt es nur höchstens fünf Prozent Tafelwein, in manchen Gebieten wird aber fast die Hälfte der Ernte als Prädikatswein eingestuft. Qualitätsweine bestimmter Anbaugebiete (Q.b.A.) müssen aus einem der 13 deutschen Anbaugebiete kommen und dürfen im Gegensatz zu Qualitätsweinen mit Prädikat (Q.m.P.) mit Zucker angereichert werden.
Weine mit dem Prädikat »Kabinett« stammen von ausgereiften Trauben, eine »Spätlese« von reiferen, später geernteten, eine »Auslese« von besonders reifen, ausgewählten Trauben. Die nächsthöheren Qualitätsstufen sind die »Beerenauslese«, für die einzelne, überreife und edelfaule Beeren ausgewählt werden und die »Trockenbeerenauslese«, für die eingetrocknete, edelfaule Beeren einzeln ausgelesen werden.
Eine Besonderheit ist der »Eiswein«, den man aus vollreifen, zum Zeitpunkt der Lese gefrorenen Beeren gewinnt und der besonders konzentriert und extraktreich ist.
Vor allem an den großen Flüssen, dem Rhein, dem Main und an der Mosel ziehen sich die Rebhänge entlang. Oft sind es sehr steile Lagen, die nur mühsam zu bewirtschaften sind. Weiße Rebsorten stehen im Vordergrund, die große Traube ist der Riesling, der in guten Jahren auf Spitzenlagen ebensolche Weine hervorbringt. So zählen heute noch die Trockenbeerenauslesen von der Mosel zu den teuersten Weinen der Welt und die Langlebigkeit Rheingauer Rieslinge ist legendär.
Weltweit bekannte Lagen findet man in Rheinhessen (nicht nur die Liebfrauenmilch), an der Nahe, in der Rheinpfalz und in Franken, dem Bocksbeutelland. Noch zu entdecken sind die Weine der Hessischen Bergstraße und die von Saale-Unstrut und vom Elbtal.
Rotweine sind in Deutschland seltener. Die Rheingauer Rotweininsel Assmannshausen pflegt den Spätburgunder. Ein guter, trocken ausgebauter Ahrburgunder ist zwar nicht so füllig wie ein weiter südlich gewachsener, besticht aber durch seine feurige Art. In Württemberg wird Rotwein, hauptsächlich Trollinger und Schwarzriesling, vor allem im Land selbst getrunken. Samtig-weiche bis wuchtige Rotweine, wie Ihringer Winklerberg, Oberrotweiler Kirchberg, Durbacher Schloßberg, kommen aus Baden.

Jeder Weinort in Deutschland wählt seine Weinkönigin.

Auch **Österreich** ist ein Land, das wegen seines Klimas Spitzen-Weißweine hervorbringen kann. Das österreichische Weingesetz gilt heute als eines der fortschrittlichsten Europas, wobei die Güteklassen denen von Deutschland entsprechen. Zusätzlich gibt es noch den »Strohwein«, für den die Trauben auf Strohmatten getrocknet werden, und den »Ausbruch« aus überreifen, natürlich eingetrockneten Beeren. Hauptrebsorte ist der Grüne Veltliner, der spritzige, würzige Weine ergibt. Elegante Weine liefern Rheinriesling und Morillon (Chardonnay), letzterer bringt besonders in der Steiermark interessante Weine hervor. Hier findet man auch den hellroten »Schilcher« aus der Rebsorte »Blauer Wildbacher«. Besonders beachtenswert ist das Weinbaugebiet der Wachau, nordwestlich von Wien gelegen, das eine eigene Klassifizierung vornimmt: von »Steinfeder«, einem leichten, trockenen Qualitätswein über kräftigeren »Federspiel« zu »Smaragd«, einer trockenen oder halbtrockenen Spätlese.

Die Freunde trockener, durchgegorener Weine kommen in der **Schweiz** auf ihre Kosten. Die Schweizer selbst sind jedoch so große Weintrinker, daß nur wenige Flaschen ausgeführt werden. Eine mit dem deutschen oder österreichischen Weingesetz vergleichbare Regelung gibt es nicht, aber alle nichttrockenen Weine müssen gekennzeichnet sein. Ansonsten gilt der Name des Erzeugers. Bekannte Weinbaugebiete sind das Wallis im Rhônetal, das Waadtland am Genfer See, Neuchâtel am Lac de Neuchâtel und das Tessin. Im Wallis wird der kräftige Rotwein »Dôle« aus einer Mischung von Pinot Noir und Gamay sowie der milde Weißwein »Fendant« aus der Chasselas-Traube (Gutedel) gekeltert. Im Waadtland gewinnt man daraus »Dorin«. Auch der weiße Neuchâtel ist aus Chasselas bereitet, schmeckt aber leichter und prickelnder als die anderen Weißweine. Eine Spezialität dieser Region ist der »Œil de Perdrix« (Rebhuhnauge), ein leichter Rosé-Wein aus Pinot-Noir-Trauben.
Während in den übrigen Gebieten rote und weiße Reben angebaut werden, ist das Tessin ein reines Rotweingebiet. Ein aromatischer, fülliger Rotwein ist der »Merlot del Ticino« – die besten werden mit »Viti« gekennzeichnet.

Heurigen schenken österreichische Winzer oft direkt neben ihren Weinkellern aus, die an den Weinberg gebaut sind.

Das größte Weinanbaugebiet der Schweiz liegt an den steilen Südhängen der Alpen im Kanton Wallis.

Schnecken im Weinteig

Von der Mosel · Für Gäste

Ausgebackene Weinbergschnecken mit Sahnesauce

Zutaten für 4 Portionen:
125 g Mehl · Salz
weißer Pfeffer, frisch gemahlen
1/8 l trockener Sekt (Riesling) · 1 Ei
2 EL neutrales Pflanzenöl
2 Dutzend Weinberg- oder Achat-Schnecken (Dose)
1 Bund Suppengrün · 1 Schalotte, ersatzweise 1 kleine Zwiebel
3 Knoblauchzehen
1 Bund gemischte Kräuter (Petersilie, Schnittlauch, Thymian, Estragon, Kerbel) · 4 EL Butter
1/4 l trockener Weißwein (Riesling, Mosel oder Rheinhessen)
24 große helle Weintrauben
12 dünne Scheiben Frühstücksspeck, ohne Schwarte (Bacon)
Öl oder Butterschmalz zum Ausbacken · 125 g Sahne
außerdem: Zahnstocher

Zubereitungszeit: 1 Std.

Pro Portion: 3800 kJ/900 kcal

1 Für den Teig das Mehl mit Salz, Pfeffer und dem Sekt glattrühren, das Ei und das Öl untermischen. Teig etwa 30 Min. quellen lassen.

2 Inzwischen die Schnecken in einem Sieb lauwarm abspülen, abtropfen lassen. Das Suppengrün waschen, putzen und in kleine Würfel schneiden. Die Schalotte schälen, den Knoblauch häuten, beides klein würfeln. Die Kräuter waschen, trockenschütteln, Blättchen fein hacken. In einer Kasserolle die Hälfte der Butter bei mittlerer Hitze schmelzen, das Gemüse, Schalotten, Knoblauch und Kräuter darin etwa 5 Min. andünsten. Den Weißwein angießen und aufkochen. Die Schnecken dazugeben, zugedeckt etwa 10 Min. bei mittlerer Hitze dünsten.

3 Die Weintrauben halbieren und mit einer Messerspitze die Kerne auslösen. Die Speckscheiben quer halbieren. Die Schnecken aus dem Sud fischen, jeweils eine Schnecke mit zwei Traubenhälften in eine Speckscheibe einwickeln, mit Zahnstochern feststecken.

4 Öl oder Schmalz (soll etwa 5 cm hoch im Topf stehen) bei mittlerer Hitze heiß werden lassen. Die Schnecken einzeln in den Teig tauchen und portionsweise im heißen Fett schwimmend in etwa 5 Min. goldbraun fritieren, mit einem Schaumlöffel herausheben und auf Küchenpapier entfetten.

5 Den Schmorsud mit der Sahne verrühren, nochmals aufkochen und die restliche Butter unterschlagen. Extra zu den Schnecken servieren.

Weinsuppe mit Käseflädle

Aus Österreich und Deutschland

Gehaltvolle Suppe mit Pfannkuchenstreifen

Zutaten für 4 Portionen:
1 EL Mehl · 4 EL Milch
2 EL gehackte Petersilie
2 leicht gehäufte EL geriebener Hartkäse (z.B. alter Bergkäse, Parmesan) · Salz
Muskatnuß, frisch gerieben
2 Eier · 2 Zwiebeln
1 kleine Stange Lauch
2 EL Butter · 3/4 l Rinderbrühe (selbstgemacht oder instant)
1/4 l trockener Weißwein (z.B. Grauburgunder oder Elbling aus Baden)
Butter zum Braten
3 ganz frische Eigelb · 150 g Sahne
weißer Pfeffer, frisch gemahlen

Zubereitungszeit: 40 Min.

Pro Portion: 1600 kJ/380 kcal

1 Für die Flädle das Mehl mit Milch, gehackter Petersilie, Käse, Salz, 1 Prise Muskat und den Eiern verrühren, etwa 15 Min. quellen lassen.

2 Inzwischen die Zwiebeln schälen und sehr fein würfeln. Den Lauch waschen und in dünne Scheiben schneiden. In einem großen Topf die Butter bei mittlerer Hitze schmelzen lassen, Zwiebeln und Lauch darin etwa 5 Min. andünsten. Die Brühe und den Wein aufgießen und zugedeckt alles etwa 10 Min. bei schwacher Hitze ziehen lassen.

3 In einer beschichteten Pfanne wenig Butter erhitzen und darin aus dem Teig bei mittlerer Hitze in 2–3 Min. von jeder Seite einen dünnen Pfannkuchen backen. Aus der Pfanne nehmen und aufrollen. Etwas abgekühlt in dünne Scheiben schneiden.

4 Die Eigelbe mit der Sahne verquirlen und in die Suppe rühren, unter Rühren erhitzen, aber nicht mehr kochen lassen. Mit Salz und Pfeffer abschmecken. Zum Servieren die Flädle über die Suppe streuen.

Variante: Statt der Flädle die Suppe mit Krusteln bestreuen. Dafür 4 Scheiben altbackenes Weißbrot würfeln und in heißer Butter rundum knusprig braun rösten. Erst zum Anrichten heiß über die Suppe streuen.

Info: Weinsuppen schätzt man in Österreich ebenso wie in Süddeutschland und der Schweiz, wo sie oft noch mit Käse verfeinert werden.

Zürcher Geschnetzeltes

Aus der Schweiz · Geht schnell

Kalbfleischstreifen in Wein-Sahnesauce

Zutaten für 4 Portionen:
500 g Kalbsschnitzel
1 EL Mehl
Salz
weißer Pfeffer, frisch gemahlen
1 Zwiebel
1 EL neutrales Pflanzenöl
50 g Butter
200 ml Weißwein
(z.B. Fendant oder Weißburgunder)
200 ml Kalbsfond (aus dem Glas)
100 g Sahne

Zubereitungszeit: 30 Min.

Pro Portion: 1500 kJ/360 kcal

1 Die Kalbsschnitzel mit Küchenpapier trockentupfen und in etwa 1/2 cm dicke Streifen schneiden. Das Mehl mit Salz und Pfeffer vermischen und die Kalbsstreifen darin wenden.

2 Die Zwiebel schälen und sehr fein würfeln. In einer großen Pfanne das Öl mit der Butter bei starker Hitze heiß werden lassen. Die Fleischstreifen darin unter Rühren 3–5 Min. anbraten, bis sie leicht gebräunt sind. Sofort herausheben und warm stellen.

3 Auf mittlere Hitze zurückschalten und die Zwiebelwürfel im verbliebenen Fett hellbraun anrösten. Den Weißwein und Kalbsfond aufgießen, offen bei mittlerer Hitze in etwa 5 Min. auf die Hälfte der Menge einkochen.

4 Die Sahne einrühren und die Sauce wieder aufkochen, salzen, pfeffern. Die Kalbsstreifen in die Sauce rühren und nur kurz erhitzen. Gleich servieren.

Beilagentip: Berner Rösti
Etwa 750 g festkochende Kartoffeln in der Schale kochen und möglichst über Nacht abkühlen lassen. Pellen und auf einer Rösti- oder groben Rohkostreibe grob raffeln. In einer beschichteten Pfanne 75 g Butter erhitzen, eine gehackte Zwiebel und 50 g kleingewürfelten Speck bei mittlerer Hitze anbraten, die Kartoffelraspel dazugeben, salzen und pfeffern und erst unter Wenden etwa 5 Min. braten, dann die Oberseite festdrücken und die Rösti noch so lange braten, bis die Unterseite gebräunt ist. Auf eine flache Platte stürzen.

Bergsträßer Apfelkompott

Aus Hessen · Gelingt leicht

Äpfel mit Rosinen in Weißwein gedünstet

Zutaten für 4 Portionen:
1 kg feste säuerliche Äpfel
(z.B. Boskop oder Jonathan)
1 unbehandelte Zitrone
1/4 l trockener Weißwein
(z.B. Silvaner oder Riesling, von der Bergstraße oder aus Rheinhessen)
1 Zimtstange (etwa 7 cm lang)
50 g Zucker
75 g Rosinen

Zubereitungszeit: 30 Min.

Pro Portion: 1000 kJ/240 kcal

1 Die Äpfel waschen, schälen und achteln, die Kerngehäuse ausschneiden. Die Zitrone waschen, die Schale dünn abschälen, die Zitrone auspressen. Den Saft mit dem Wein in einen Topf füllen, die Apfelschnitze mit der durchgebrochenen Zimtstange und der Zitronenschale dazugeben, den Zucker einrühren und bei mittlerer Hitze heiß werden lassen.

2 Die Rosinen heiß waschen, abtropfen lassen, unterrühren. Alles zugedeckt bei schwacher Hitze etwa 15 Min. ziehen lassen. Zimtstange und Zitronenschale herausnehmen, das Kompott lauwarm oder gut gekühlt servieren.

Info: Schon zeitig im Frühjahr beginnt an der Bergstraße, am Übergang von der Oberrheinischen Tiefebene zum Odenwald, die Obstbaumblüte, die viele Besucher anzieht. In diesem günstigen Klima gedeihen nicht nur Kirschen, Äpfel und Edelkastanien, sondern auch kernige Weine, vorzugsweise aus Riesling gekeltert. Allerdings trinken die Südhessen den meisten Wein selbst. Wer die Bergstraße besucht, sollte deshalb in Auerbach in der Winzerstube »Kaltwasser« einen der herzhaften Schoppen probieren, z.B. einen »Auerbacher Rott«. Das Apfelkompott wird im Odenwald als Dessert und als Beilage zu Wild gegessen.

Griechenland

Griechenland kann zwar auf eine jahrtausendealte Weinkultur zurückblicken, hat aber lange Zeit eben diese Kultur vernachlässigt. Die Reben wuchsen bunt gemischt zwischen Olivenbäumen und Tomaten, aus den Trauben wurde ein einfacher Wein für den Eigenbedarf gekeltert. Doch Ende der 60er Jahre entstand auch in Griechenland ein AOC-System mit Ursprungsbezeichnung und festgelegten Rebsorten. Die Erträge wurden begrenzt und das Mindestmostgewicht festgelegt. Heute gibt es rund 30 Qualitätsweinbau-Zonen, deren Weine auch international zunehmend beachtet werden.
Als Qualitäten werden unterschieden: Tischwein (Epitrapesios Oinos), Landwein (Topikos Oinos), Qualitäts-Likörwein (O.P.E., durch eine blaue Banderole gekennzeichnet), Qualitätswein (O.P.A.P., mit roter Banderole). Mit »Kava« werden länger gelagerte Spitzenprodukte bezeichnet. Obwohl Markenweine noch den Markt beherrschen, geben die jungen Weinbauern mit eigenständigen Produkten aus Rebsorten, die nur in Griechenland heimisch sind, die neue Richtung vor.

Im ältesten Weinbauland Europas wachsen die Reben oft bunt gemischt zusammen mit Olivenbäumen.

Noch kennen viele außerhalb von Griechenland nur den Retsina, einen mit Pinienharz versetzten Wein, der gewöhnungsbedürftig herb und erfrischend schmeckt, aber hervorragend zu den griechischen Spezialitäten paßt.
In vielen Regionen wird er noch von den Bauern selbst hergestellt, überwiegend als Weißwein aus der Savatiano-Traube, aber auch interessante Rosé-Weine (Kokkineli) und rote Retsinas aus der Roditis-Traube sind zu finden.
Vor allem Attika, das Land um Athen, und die Insel Euböa, gelten als Ursprungsgebiet der geharzten Weine.
In Attika, wo er die »Appellation traditionelle« als Landwein genießt, ist Kourtakis der größte Produzent. Er kauft die Trauben verschiedener Winzer aus Attika an und verarbeitet sie in einer hochmodernen Anlage mit automatischer Gärtankkühlung. Während der Maischegärung wird das Harz von Pinien aus dem Hochland Attikas zugesetzt. Noch heute erfolgt die Harzgewinnung wie zu Urzeiten durch Sammler in den Bergen. Nach der Maischegärung wird das Harz wieder ausgefällt, so daß nur der typische, etwas an Terpentin erinnernde Geschmack im Wein zurückbleibt.
Aber Kourtakis kauft nicht nur Trauben an, sondern besitzt viele eigene Weinberge. Mit den Kouros-Weinen, der Spitzenmarke von Kourtakis, will der Enkel des Firmengründers zeigen, daß sich griechischer Wein auch international sehen lassen kann. Der weiße Patras wird aus Roditis-, der tiefdunkle, körperreiche Nemea aus roten Agiorgitiko-Trauben gekeltert. Letztere kommt aus den gebirgigen Weinbergen von Corinthia nahe der kleinen Stadt Nemea in Nordattika und gilt als eine

der feinsten ursprünglichen Rebsorten Griechenlands. Die Etiketten für die Weinflaschen wurden von europäischen Grafikern auf Basis der traditionellen Vorlagen neu gestaltet.
Auch Makedonien im Norden hat sehr gute Rotweine, vor allem der Naoussa aus der alten Rebsorte Xinomavro, der in kleinen Eichenholzfässern ausgebaut wird. Dieser Wein ist überraschend gerbstoffreich, schwer und dunkel mit großer Geschmacksfülle und gut zu lagern. Ein dunkel-rubinroter, süßer und alkoholreicher Rotwein ist der Mavrodaphne aus Patras, der dem Portwein ähnelt. Haupterzeuger sind Tsantalis und Achaia Clauss, die älteste Kellerei Griechenlands, die mit ihrem beliebten »Demestica« (in Rot, Rosé und Weiß) überall vertreten ist. Sie keltert aber auch aus Agiorgitiko-Trauben vom Peloponnes einen Nemea, einen würzigen, eichenholzfaßgereiften Rotwein mit schöner Struktur, der auch als Kava erhältlich ist. Das Gegenstück zum roten Mavrodaphne ist der weiße Samos von der gleichnamigen ägäischen Insel aus Muskatellertrauben, den es auch als selten erhältlichen, konzentrierten »Nectar« gibt. Auf Chalkidiki erhielt das 400 Hektar große Weingut von Carras, das »Château Carras«, eine eigene Appellation als »Côtes de Meliton«. Hier werden französische Rotweinrebsorten mit Limnio-Trauben (von der Insel Limnos) verschnitten und in Eichenholzfässern gereift.
Bei den Weißweinen legen die Patras-Weine aus der Rebsorte Roditis (von Parparoussis und Achaia Clauss), der »Santorini« der Vulkaninsel Santorin (Kellerei Boutari), der »Ilios« von der Insel Rhodos, der »Verdea« von Zakynthos, der »Robola« von Kefalonia, der »Paraportiano« von Mykonos aus den aromatischen Traubensorten Assirtiko, Athiri und Aidani und viele andere es nahe, sich weiter mit den griechischen Weinen zu beschäftigen. Kreta produziert von den Inseln den meisten Wein.

Wein ist ein Stück griechischer Lebensart. Er fehlt in keiner Taverne und keinem Straßenrestaurant.

Aus den hellen Trauben der Insel Kreta werden leichte fruchtige Weißweine gekeltert, aus den blauen Trauben schwere gehaltvolle Rotweine.

Fischsuppe mit Gemüse

Aus Sifnos · Gelingt leicht

Kakaviá Apokofto

Zutaten für 4 Portionen:
2 kleine Zwiebeln · 4 Knoblauchzehen
2 Möhren · 2 EL Olivenöl
800 ml Fischbrühe (selbstgemacht oder aus dem Glas), ersatzweise Gemüsebrühe
400 ml trockener griechischer Weißwein · 1 TL Anissamen
900 g kleine Kartoffeln, festkochend
8 sehr kleine Zucchini (etwa 700 g)
4 Tomaten
8 Rotbarben (je 100 g), ersatzweise 4 sehr kleine Rotbarsche (je 200 g), küchenfertig vorbereitet oder 4 dicke Stücke frischer Kabeljau
Salz · 1 TL gerebelter Oregano
schwarzer Pfeffer, frisch gemahlen
2 EL Butter · Saft von 1/2–1 Zitrone
zum Garnieren: 2 Zitronen

Zubereitungszeit: 1 Std.
Pro Portion: 2900 kJ/690 kcal

1 Zwiebeln schälen, Knoblauch häuten, beides hacken, Möhren schälen und klein würfeln. Olivenöl in einem großen Topf erhitzen, Zwiebeln, Knoblauch und Möhren darin andünsten, Fischbrühe und Wein aufgießen, Anissamen dazustreuen und zum Kochen bringen.

2 Kartoffeln, Zucchini und Tomaten waschen, Kartoffeln schälen, von den Tomaten Stielansätze entfernen. Kartoffeln ganz (größere halbiert) mit den unzerteilten (oder quer halbierten) Zucchini und Tomaten in der Brühe zugedeckt bei schwacher Hitze etwa 30 Min. köcheln.

3 Inzwischen Rotbarben eventuell schuppen, waschen, innen salzen, zur Seite stellen.

4 Die Fische nach den 30 Min. in die Brühe geben und bei schwacher Hitze noch 10–15 Min. garen. Mit Oregano, Salz und Pfeffer abschmecken.

5 Die Fische und das Gemüse auf eine Platte heben, mit etwas Brühe beträufeln, warm halten. Restliche Brühe durchsieben. 1–2 Kartoffeln zerdrücken und wieder in die Brühe geben. Mit einem Stabmixer glatt pürieren, zum Schluß die Butter untermixen. Kräftig mit Zitronensaft würzen. Brühe in eine Schüssel füllen. Bei Tisch wird erst die Brühe, dann der Fisch und das Gemüse mit Zitronenvierteln garniert gegessen.

Info: Diese Fischsuppe wird auf vielen griechischen Inseln als Hauptgericht serviert.

Lamm-Stifado

Aus Kreta · Deftig

Schmorgericht mit Zwiebeln, Rotwein und Tomaten

Zutaten für 4 Portionen:
4 Lammhaxen (1 kg)
Salz
schwarzer Pfeffer, frisch gemahlen
1 EL Mehl · 500 g kleine Zwiebeln
(Grillzwiebeln oder Schalotten)
4 Knoblauchzehen · 4 EL Olivenöl
$\frac{1}{4}$ l trockener griechischer Rotwein
2 Lorbeerblätter
1 Zimtstange (etwa 7 cm lang)
3 Gewürznelken
$\frac{1}{2}$ TL getrockneter Thymian
500 g reife Tomaten
1 Bund Petersilie · 1 EL Rotweinessig

Zubereitungszeit: 45 Min.
(+ 2 Std. Garen)
Pro Portion: 3300 kJ/790 kcal

1 Die Lammhaxen waschen, mit Küchenpapier trockentupfen. Rundum mit Salz und Pfeffer einreiben, mit Mehl bestäuben. Die Zwiebeln schälen, kleine ganz lassen, größere vierteln. Die Knoblauchzehen häuten und in nicht zu dünne Scheiben schneiden.

2 In einem großen, flachen Schmortopf das Öl bei mittlerer Hitze heiß werden lassen und die Lammhaxen darin rundum in etwa 10 Min. langsam braun braten. Das Fleisch auf einen Teller heben und zur Seite stellen.

3 Im verbliebenen Öl erst die Zwiebeln, dann die Knoblauchscheiben goldbraun anbraten. Das Fleisch wieder dazugeben. Die Hälfte des Rotweins angießen, Lorbeerblätter, die durchgebrochene Zimtstange, Nelken und Thymian dazugeben. Alles zugedeckt bei schwacher Hitze etwa $1\frac{1}{2}$ Std. schmoren, dabei nach und nach den restlichen Wein nachgießen.

4 Dann die Tomaten mit kochendheißem Wasser überbrühen, häuten, Stielansätze herausschneiden, Tomaten in Stücke schneiden. Zum Lamm geben und noch etwa 30 Min. weiterschmoren lassen. Die Petersilie waschen, trockenschütteln, die Blättchen abzupfen, grob hacken. Das Stifado mit Essig, Salz und Pfeffer abschmecken und mit Petersilie bestreut servieren.

Tip! Dazu Kartoffeln oder griechische Reisnudeln (Kritharaki) und einen Rotwein aus Kreta servieren.

Amerika

Kalifornische Winzer haben eine Vorliebe für Eichenholzfässer.

Im Napa Valley werden unter anderem Cabernet Sauvignon und die amerikanische Sorte Zinfandel angebaut.

Es ist keine 20 Jahre her, da löste eine Weinprobe einen Erdrutsch aus, der auch heute noch anhält. In Frankreich wurden Weine aus aller Welt verkostet, aber die vorderen Plätze wurden von amerikanischen Weinen aus **Kalifornien** belegt.

Plötzlich stürzte sich ganz Europa auf diese Cabernets, die gegenüber den großen Gewächsen aus dem Bordeaux den Vorteil hatten, nur ein Drittel so viel zu kosten und viel früher trinkreif zu sein. Seither entwickelt sich der Weinbau in Kalifornien mit erstaunlichem Tempo weiter.

Was den Weinen zu ihrem Ruf verhalf, war ihre Kraft und Wucht, ihre Fülle, ihre Würze und ihr hoher Alkoholgehalt. Dazu kam die Vorliebe der Winzer für neue Eichenholzfässer, in denen sie ihren Wein ausbauten, wodurch die Weine mehr Gerbstoffe und einen »Holzton« bekamen.

Doch die Weine hatten oft des Guten zu viel und schmeckten wie ein ganzes Gewürzregal, waren zu schwer und üppig, um zum Essen zu passen.

Schneller als gedacht haben die Winzer jedoch dazugelernt. Sie ernteten die Trauben früher, stellten leichtere Weine her, setzten das Eichenholz sparsamer ein, indem sie beispielsweise nur einen Teil des Weines in Eichenfässern ausbauten, und entdeckten die Vorteile des Verschnitts. So erzeugen sie heute raffiniertere, dezentere Weine, die auch mit leichtem, elegantem Essen harmonieren.

Die Rotweine wurden vorwiegend aus einer Rebsorte bereitet und auch so gekennzeichnet. Doch die Kellermeister lernten vom Bordeaux, daß es der Cabernet Sauvignon gut bekommt, wenn sie behutsam mit Merlot und Malbec verschnitten wird. Ein guter Cabernet Sauvignon ist aromenreich, gehaltvoll und gerbstoffbetont, wie er z.B. von Robert Mondavi im Napa Valley herge-

stellt wird. Auch der »Opus One«, den Mondavi gemeinsam mit Philippe Baron de Rothschild herstellt, beruht auf der Cabernet-Rebe und ist Amerikas prestigeträchtigster (und teuerster) Wein. Eine eigene Rebsorte, der Zinfandel, ergibt von guten Erzeugern rustikale, aber vollmundige, würzige Weine mit dezenten, schönen Gerbstoffen. Beliebt ist er als Rosé-Wein, meist leicht lieblich ausgebaut, mit erfrischender Säure als Aperitif und Dessertwein gleichermaßen geeignet. Auch die Weißweine, vor allem Chardonnay

und Sauvignon, können gehaltvoll und nussig sein, wenn sie von guten Lagen und Erzeugern stammen.
Die wichtigsten Gebiete sind das Napa Valley, Sonoma und Alexander Valley, Carneros und Mendocino, während das Central Valley außer dem kleinen Bereich um Lodi eher für Massenwein steht.
Auch im Staat New York, in Ohio, Michigan und im kanadischen Bereich Ontario wird Wein erzeugt. Die Hybridreben, also Kreuzungen zwischen europäischen Reben und amerikanischen Wildreben, gehen zurück und werden durch europäische Sorten ersetzt.

Chile, an der Westküste Südamerikas gelegen, konnte die Qualität seiner Weine in den letzten Jahren beständig verbessern und exportiert heute etwa ein Drittel der Produktion. Die Weine aus dem Tal des Rio Maipo südwestlich von Santiago, die der Maule-Region und die aus der Nähe von Curico zählen zu der gehobenen Klasse. Chardonnay, Sauvignon Blanc, Cabernet Sauvignon und Merlot gedeihen gut und nur hier noch wurzelecht – sie müssen nicht auf reblausresistente Wurzelstöcke gepfropft werden. Außerdem wurde in den letzten Jahren die Kellertechnik erheblich verbessert. Als der Spanier Miguel Torres eine Weinkellerei in Chile aufbaute und mit modernster Kühltechnik ausstattete, zogen die Weingüter Canepa und Concha y Toro rasch nach und führten den temperaturkontrollierten Ausbau und die Reifung in Eichenholz-Barriques ein.
Ende der 80er Jahre kauften die Domaines Barons de Rothschild (Château Lafite) die Hälfte der Anteile von Los Vascos im Ceñetén-Tal, stellten den Anbau und die Weinbereitung auf das französische Vorbild um und erzeugen vor allem aus Cabernet Sauvignon Rotweine im Bordeaux-Stil, die zu diesem Preis kaum anderswo auf der Welt zu bekommen sind.
Auf den Etiketten der chilenischen Spitzenweine gibt es außer den Bezeichnungen »Reserva«, »Gran Vino« und »Antiguas Reservas« nicht viele Anhaltspunkte, welcher Wein hervorragend ist. Nur der Name der großen Weingüter ist ein zuverlässiger Maßstab.

Ähnliches Klima wie in Chile herrscht zwar auch in **Argentinien**, doch in den endlosen Ebenen des Rio Mendoza wird vor allem noch einfacher Massenwein produziert.
Nur wenige Erzeuger stellen höherwertigen Vino fino her, vorwiegend kräftige und gehaltvolle Rotweine, die erstaunlich preiswert sind. Auch die besseren Weißweine aus den Rebsorten Sémillon, Chardonnay, Chenin oder Pinot Blanc und Silvaner (der hier oft Riesling heißt) können fruchtig und füllig wie die aus Kalifornien oder sogar noch spritziger und eleganter sein.

Chardonnay und Sauvignon Blanc sind die in Chile am meisten angebauten Weißweinreben.

Broccoli in Wein

Aus Kalifornien · Gelingt leicht

Broccoli Pasadena

Zutaten für 4 Portionen:
750 g Broccoli
Salz
4 Knoblauchzehen
2 Orangen, 1 davon unbehandelt
2 EL Butter
2 EL Olivenöl
250 ml trockener kalifornischer Weißwein (Chardonnay)
weißer Pfeffer, frisch gemahlen
1 Msp. Cayennepfeffer

Zubereitungszeit: 40 Min.

Pro Portion: 520 kJ/120 kcal

1 Den Broccoli waschen, putzen, die Röschen ablösen, die dicken Stiele schälen und längs halbieren. In einem großen Topf reichlich Wasser mit 1 EL Salz aufkochen, den Broccoli hineingeben und 6–8 Min. darin sprudelnd kochen. Dann auf ein Sieb geben und abtropfen lassen.

2 Die Knoblauchzehen häuten und in feine Scheibchen schneiden. Die unbehandelte Orange heiß waschen, etwa 2 EL Schale mit einem Zestenreißer abraspeln. Beide Orangen auspressen, den Saft zur Seite stellen.

3 In einem breiten Schmortopf die Butter und das Olivenöl bei schwacher bis mittlerer Hitze heiß werden lassen, den Knoblauch darin unter Rühren etwa 3 Min. dünsten, bis er glasig ist. Die Orangenschalenraspel, den Orangensaft und den Wein aufgießen. Die Temperatur auf starke Hitze erhöhen und den Sud unter Rühren in etwa 10 Min. auf die Hälfte der Menge einkochen. Mit Salz, Pfeffer und Cayennepfeffer abschmecken. Broccoli hineingeben und darin unter Wenden erhitzen. Heiß als Beilage oder abgekühlt als Vorspeise servieren.

Hähnchenfilets pikant

Aus Kalifornien · Scharf

Hähnchenbrust mit süßer roter Chilisauce

Zutaten für 4 Portionen:
2 dicke Hähnchenbruststücke (je 500 g), mit Knochen, möglichst von Freilandhähnchen
2 EL Limettensaft, ersatzweise Zitronensaft
Salz
weißer Pfeffer, frisch gemahlen
2 rote Paprikaschoten
2 grüne dickfleischige, scharfe Chilischoten (z. B. Jalapeño oder Serrano)
2 Knoblauchzehen
150 g Zucker · 100 ml Weißwein
100 ml Weißweinessig
3 EL neutrales Pflanzenöl zum Braten

Zubereitungszeit: 1 Std.

Pro Portion: 2100 kJ/500 kcal

1 Die Hähnchenbruststücke eventuell enthäuten, das Fleisch vorsichtig von den Knochen lösen, dazu am Brustbein mit einem scharfen Filetiermesser entlangschneiden und die beiden Filets von den Rippenknochen abtrennen und sauber zurechtschneiden. Mit Limettensaft beträufeln, salzen und pfeffern. Zugedeckt etwa 45 Min. kühl stellen.

2 Inzwischen die Paprikaschoten waschen, längs aufschneiden, die Stielansätze, die Trennwände und die Kerne entfernen. Die Schoten fein würfeln.

3 Die Chilischoten längs aufschlitzen, die Kerne entfernen, Schoten waschen. Die Stielansätze abschneiden, Schoten in kleine Stücke schneiden. Vorsicht, danach nicht mit den Händen an die Augen kommen! Die Knoblauchzehen häuten und fein würfeln.

4 Den Zucker mit Weißwein und Essig in einen Topf geben und aufkochen. Die Paprika-, Chili- und Knoblauchwürfel dazugeben und offen etwa 30 Min. bei schwacher Hitze köcheln lassen. Im Mixer pürieren und durch ein Sieb streichen, wieder in den Topf geben und mit Salz abschmecken, warm halten.

5 Die Hähnchenbrustfilets mit Küchenpapier trockentupfen. In einer schweren Pfanne das Pflanzenöl erhitzen und die Hähnchenfilets darin bei mittlerer Hitze etwa 4 Min. auf jeder Seite braten. Dann aus der Pfanne heben und auf Tellern anrichten, mit der warmen Chilisauce übergießen und servieren.

Tip! Dazu einen grünen Salat mit Croutons und einen kräftigen kalifornischen Rotwein servieren.

Kürbisse mit Garnelen

Aus Kalifornien · Für Gäste

Stuffed Pumpkin with Shrimp

Zutaten für 4 Portionen:
16 ungeschälte vorgegarte Riesengarnelen (King Prawns, etwa 750 g)
2 EL Zitronensaft
1 Stange Staudensellerie
etwa 1/4 Stange Lauch (nur der weiße Teil)
3 Schalotten, ersatzweise 1 mittelgroße Zwiebel
2 Knoblauchzehen
1 EL neutrales Pflanzenöl
1/4 l trockener Weißwein (kalifornischer Chardonnay)
1/2 TL schwarze Pfefferkörner
1 Zweig frischer oder 1/2 TL getrockneter Thymian
2 kleine rotfleischige Kürbisse (Hokkaido, je etwa 600 g), ersatzweise 1 großer Kürbis (etwa 1,2 kg)
350 g vollreife Tomaten
Salz
1 mittelgroße Aubergine
1 mittelgroßer Zucchino
je 1 rote und grüne Paprikaschote
1 Bund Basilikum
2 EL Olivenöl
weißer Pfeffer, frisch gemahlen
100 g kalte Butter

Zubereitungszeit: 1 1/2 Std.

Pro Portion: 2200 kJ/520 kcal

1 Die Garnelen waschen, abtropfen lassen. Den Schwanzteil vom Kopf abdrehen, den Panzer auf der Rückenseite mit einer Schere aufschneiden und das Fleisch auslösen. Am Rücken leicht einschneiden und den Darm mit einer Messerspitze herauslösen. Das Garnelenfleisch mit etwas Zitronensaft beträufeln und kühl stellen.

2 Den Staudensellerie und den Lauch waschen und putzen, sehr fein würfeln. Die Schalotten schälen, den Knoblauch häuten, beides fein würfeln. In einer Kasserolle das Pflanzenöl bei mittlerer Hitze heiß werden lassen, Staudensellerie, Lauch, die Hälfte des Knoblauchs und der Schalottenwürfel darin andünsten, aber nicht bräunen. Den Weißwein, 1/4 l Wasser, Pfeffer und Thymian dazugeben und offen bei mittlerer Hitze auf ein Viertel einkochen.

3 Inzwischen die Kürbisse waschen und putzen, quer halbieren und auf der Stiel- und Unterseite jeweils eine Scheibe abschneiden, so daß die Kürbishälften stehen können. Mit einem Kugelausstecher das Fruchtfleisch ausbohren. Kürbishälften mit Alufolie zugedeckt im Ofen bei 125° (Umluft 100°) 20 Min. vorgaren.

4 Die Tomaten mit kochendheißem Wasser überbrühen, häuten und die Stielansätze entfernen. Tomaten quer halbieren und entkernen, das Fruchtfleisch klein würfeln. Aubergine, Zucchino und Paprikaschoten waschen, putzen und klein würfeln. Basilikum waschen, die Blättchen abzupfen, zwei Drittel davon fein hacken.

5 Das Olivenöl bei mittlerer Hitze heiß werden lassen, die restlichen Schalotten- und Knoblauch-, die Auberginen-, Zucchino- und Paprikawürfel sowie das ausgestochene Kürbisfleisch darin bei schwacher bis mittlerer Hitze in etwa 10 Min. weich schmoren. Die Tomatenwürfel unterrühren, mit Salz und weißem Pfeffer abschmecken, das gehackte Basilikum unterrühren und warm halten.

6 In der Gemüse-Weinbrühe die Garnelen etwa 1 Min. erhitzen, herausheben, warm halten. Brühe durch ein Sieb gießen, mit Salz und dem restlichen Zitronensaft abschmecken. Die Brühe erneut aufkochen, die kalte Butter in kleinen Stückchen unter die Brühe schlagen, bis die Sauce gebunden ist.

7 Die Kürbisse auf Teller setzen, mit dem Gemüse füllen, das restliche Gemüse darum herum verteilen. Die Garnelen auf die Kürbisse setzen, alles mit der Sauce übergießen und mit dem restlichen Basilikum garnieren.

Australien, Neuseeland

Vom Großtank zur Einzellage, so könnte man die Richtung beschreiben, in die die Winzer **Australiens** marschieren. In kurzer Zeit haben sich die Bewohner dieses Kontinents auf der Südhalbkugel zu einer regelrechten Weintrinkernation entwickelt, deshalb gibt es eine breite Basis guter Qualitätsweine. Rund 65 Prozent der australischen Weinproduktion werden im Karton als »Soft packs« oder »Bag-in-the-box« für den Alltagsbedarf verkauft. Australiens Weinberge sind zum größten Teil reblausfrei, daher wachsen viele wurzelechte Reben. Noch gibt es kein offizielles Appellationssystem und keine strengen Regeln. So können die Kellermeister Trauben aus den verschiedenen Regionen mischen, um ihren eigenen Stil (ein wichtiger Begriff in Australien) zu erzielen. Modernste Herstellungstechnik und Weinbehandlungsmethoden sind die Regel, ein Zusatz von Ascorbinsäure (Vitamin C) zur Stabilisierung ist erlaubt, das Anreichern mit Zucker jedoch verboten.

Andererseits bemühen sich die Kellermeister auch, einen besonders feinen, sortenreinen Wein herzustellen, wobei sie vielleicht sogar die Trauben aus einer Einzellage separat ausbauen. Wenn sie Geschick und Glück haben, kann dieser Wein bei Prämierungen Auszeichnungen gewinnen. 1995 wurde erstmals ein australischer Rotwein, der »Grange 1990« des Erzeugers Penfolds, von der US-Zeitschrift »Wine Spectator« zum Wein des Jahres gewählt.

Weißweine aus der Rebsorte Chardonnay können, vor allem aus den kühleren Gebieten Südaustraliens, hervorragend sein. Sehr eigentümliche, oft wuchtig-kraftvolle, manchmal aber auch feine und finessenreiche Weine liefert der »Rhine Riesling«, heute die zweitwichtigste Rebsorte, die im Clare, Yarra und Eden Valley gute Bedingungen vorfindet. Die Sémillon-Weine, die im Hunter Valley in New South Wales jung abgefüllt werden, zählen zur Weltklasse und entwickeln ihr an Honig und Toast erinnerndes Aroma, wenn sie einige Jahre lagern.

Die Sémillons des Barossa Valley in Südaustralien bei Adelaide werden in Holzfässern ausgebaut, die besseren kommen aus den Bergen östlich des Haupttals, Eden Valley und Pewsey Vale. Padthaway gilt als gutes Weißweingebiet, ebenso die Region Margarete River im Westen.

Die beiden wichtigen Rotweinrebsorten,

Weine guter Qualität ergibt der »Rhine Riesling« aus dem Clare Valley.

In riesigen Tanks lagert der Wein in Marlborough, dem mittlerweile größten Anbaugebiet Neuseelands.

Cabernet Sauvignon und Shiraz (Syrah, hier auch Hermitage genannt) können volle, extraktreiche bis gewaltige Weine hervorbringen. Die größte Geschmacksvielfalt bringen die Cabernets auf den roten Böden im südaustralischen Coonawarra und die Shiraz-Rebe im Hunter Valley in Neusüdwales hervor. Besser noch als die rebsortenreinen Weine ist der Verschnitt aus Cabernet und Shiraz. Auch Malbec oder Merlot werden gern hinzugezogen, um den Geschmack runder zu machen.
Die besten Pinot-Noir-Reben wachsen in den kühleren Gegenden, vor allem in Victoria im Yarra Valley, auf der Mornington Halbinsel und auf Tasmanien.

Mildes Klima und ein sich rasch entwickelnder Weinbau charakterisieren **Neuseeland**, die Insel im Pazifik, deren Witterungsverhältnisse denen in Deutschland ähneln. Allerdings entfällt die winterliche Frostgefahr. So wurden anfangs die deutschen Rebsorten, vor allem Müller-Thurgau, angebaut. Außerdem Riesling und Gewürztraminer, die elegant und delikat ausfallen. Schließlich waren es aber die französischen Rebsorten Sauvignon Blanc und Chardonnay, die die übrige Welt auf die Weine Neuseelands aufmerksam machten. Zentrum der Weinerzeugung ist der Norden der Insel, besonders Auckland, das aber wärmer und feuchter ist als Gisborne und Hawke's Bay weiter südlich. Diese Weinbauregionen, an der mittleren Ostküste der Nordinsel gelegen, bringen jedoch die interessanteren Weine hervor. Böden und Klima der Hawke's Bay lassen hier auch sehr gute Cabernet-Rotweine entstehen.
Inzwischen hat jedoch Marlborough, im Norden der Südinsel, gewaltig an Rebflächen zugelegt und ist mittlerweile die größte Weinbauregion Neuseelands. Vor allem Riesling und Chardonnay entwickeln sich außergewöhnlich gut, die Rotweine zeigen sich oft etwas grasig. Doch ständig geht die Suche nach weinbaugeeigneten Standorten weiter. Das kleine Gebiet Nelson nordwestlich von Marlborough bringt anständige Rieslinge, Chardonnays und Gewürztraminer hervor, im Süden der Nordinsel glänzt der Bereich Wairarapa mit sortenreinen Burgunderweinen (Pinot Noir). Mit weiteren Überraschungen darf gerechnet werden.

Mit Musik wird die Traubenernte im Barossa Valley in Südaustralien eröffnet.

Im mild-kühlen Klima Neuseelands gedeihen vor allem Weißweinreben sehr gut.

Zitronenfisch

Aus Australien · Würzig

South Seas Fish

Zutaten für 4 Portionen:
2 Red Snapper (je 750 g), ersatzweise Doraden
¼ l trockener Weißwein
30 g frischer Ingwer
2 kleine unbehandelte Zitronen
Salz
weißer Pfeffer, frisch gemahlen
2 EL Mehl
2 mittelgroße Zwiebeln
3 EL Butter
1 Msp. Muskatblüte (Macis)
1 Msp. Safranfäden
3 Eier
1 TL Speisestärke
zum Garnieren: Petersilienblättchen

Zubereitungszeit: 1 Std.

Pro Portion: 2500 kJ/600 kcal

1 Die Fische waschen, Köpfe und Flossen abschneiden. Aus den Köpfen die Kiemen entfernen und wegwerfen. Köpfe mit Flossen in einem Topf mit dem Weißwein und der gleichen Menge Wasser aufkochen. Ingwer schälen und in feine Scheiben schneiden. Zitronen heiß waschen. ½ Zitrone in Scheiben schneiden und mit dem Ingwer zum Sud geben, etwas salzen und offen bei mittlerer Hitze etwa 20 Min. köcheln lassen.

2 Inzwischen die Fische in etwa 3 cm dicke Scheiben schneiden, mit Salz und Pfeffer würzen, in Mehl wenden. Die Zwiebeln schälen und würfeln. In einer Schmorpfanne die Butter erhitzen und die Fischstücke darin etwa 4 Min. bei mittlerer Hitze anbraten, dann wenden, die Zwiebelwürfel dazugeben und alles etwa 4 Min. weiterbraten.

3 Dann den Fischsud durch ein Sieb dazugießen, mit Salz, Pfeffer, Muskatblüte und Safran würzen. Die restlichen Zitronen auspressen, den Saft dazugeben und bei schwacher Hitze etwa 10 Min. zugedeckt ziehen lassen.

4 Die Eier mit Speisestärke verquirlen, Fischstücke aus dem Sud nehmen und verquirlte Eier in den heißen Sud rühren. Unter ständigem Rühren vorsichtig erhitzen, aber nicht kochen lassen. Fischstücke wieder hineingeben, nochmals abschmecken, mit Petersilie garnieren und servieren.

Getränk: Dazu paßt ein trockener australischer Weißwein, z.B. ein Fumé Blanc (aus Sauvignon-Blanc-Trauben, im Holzfaß gereift).

Gratinierter Hummer

Aus Australien · Für Gäste

Roasted Lobster

Zutaten für 4 Portionen:
1 Zwiebel
1 Bund Suppengrün
1 EL schwarze Pfefferkörner
1 Lorbeerblatt · Salz
2 Hummer (je 700 g), vom Fischhändler etwa 5 Min. kochen lassen oder lebende Hummer
Für die Rotweinbutter:
2 Schalotten, ersatzweise 1 kleine Zwiebel
je 2 EL gehackter Kerbel, Kresse und Petersilie
1/4 l kräftiger australischer Rotwein (z.B. Shiraz) · 200 g Butter
weißer Pfeffer, frisch gemahlen
zum Garnieren: Kresse

Zubereitungszeit: 45 Min.

Pro Portion: 2700 kJ/640 kcal

1 Die Zwiebel schälen und achteln. Das Suppengrün waschen, putzen und in kleine Stücke schneiden.

2 In einem großen Topf etwa 3 l Wasser mit Zwiebel, Suppengrün, Pfefferkörnern, Lorbeerblatt und Salz aufsetzen. Wenn Ihr Händler die Hummer noch nicht getötet hat, diese ins sprudelnd kochende Wasser werfen und zugedeckt etwa 5 Min. bei starker Hitze kochen, dann den Topf von der Herdplatte ziehen und die Hummer noch etwa 10 Min. darin ziehen lassen. Vorgekochte Hummer etwa 10 Min. in der heißen Brühe erhitzen, nicht kochen.

3 Inzwischen die Schalotten schälen und sehr fein würfeln. In einer Kasserolle die Schalottenwürfel mit Kräutern und Rotwein offen bei starker Hitze auf ein Viertel der Menge einkochen. Die Butter in Stücken mit dem Schneebesen einschlagen, mit Salz und Pfeffer abschmecken. Den Backofen auf 220° (Umluft 200°) vorheizen (möglichst Oberhitze oder Grill dazuschalten).

4 Die Hummer aus der Brühe nehmen, abtropfen lassen, mit einem schweren Messer längs halbieren, den sandigen Magensack entfernen. Die Scheren mit einem Messerrücken aufschlagen, das Fleisch aus Schwanz und Scheren auslösen und in große Stücke zerteilen. Mit der Rotweinbutter vermischen und wieder in die Hummerschalen füllen. Im Ofen (oben) etwa 5 Min. überbacken. Mit Kresse garnieren und reichlich Weißbrot servieren.

Getränk: Einen Rotwein (australischer Shiraz oder Cabernet/Merlot) oder einen weißen Chardonnay aus Südaustralien (Clare Valley) dazu trinken.

Reh-Sates

Aus Neuseeland · Würzig

Venison-Sates

Zutaten für 4 Portionen:
750 g Rehfleisch aus der Keule, ohne Knochen · 1 Knoblauchzehe
30 g frischer Ingwer
2 TL eingelegter grüner Pfeffer
100 ml trockener Weißwein
2 EL Zitronensaft · 4 EL Walnußöl
Salz
schwarzer Pfeffer, frisch gemahlen
Für die Sauce:
50 g getrocknete Aprikosen
1 Orange
200 ml neuseeländischer Weißwein (Sauvignon Blanc)
1 TL eingelegter grüner Pfeffer
1 EL Zitronensaft · 1 TL Honig
1 EL mittelscharfer Senf
außerdem: Holz- oder Metallspieße

Zubereitungszeit: 40 Min. (+ 8 Std. Marinieren)
Pro Portion: 1600 kJ/380 kcal

1 Das Rehfleisch eventuell noch enthäuten und entsehnen, in je etwa 3 cm lange und breite und 1 cm dicke Stücke schneiden. Den Knoblauch häuten, den Ingwer schälen, beides sehr klein würfeln, den grünen Pfeffer fein hacken. Mit Weißwein, Zitronensaft und Walnußöl verrühren. Die Fleischstücke darin 2–4 Std. bei Zimmertemperatur oder 8 Std. im Kühlschrank marinieren.

2 Die Aprikosen mit heißem Wasser überbrausen, die Orange auspressen und über die Aprikosen gießen. 2–3 Std. quellen lassen. Dann mit den übrigen Saucenzutaten im Mixer glatt pürieren und in eine Kasserolle füllen.

3 Den Grill (Holz- oder Elektrogrill) vorheizen. Die Fleischstücke aus der Marinade heben und gut trockentupfen. Jeweils 3 Fleischstücke auf Holz- oder Metallspieße stecken, auf dem heißen Grill auf jeder Seite 3–5 Min. grillen, bis das Fleisch ganz durchgebraten, aber noch saftig ist. Mit Salz und Pfeffer würzen.

4 Inzwischen die Aprikosensauce unter Rühren vorsichtig erhitzen, heiß zu den Reh-Sates servieren.

Info: Daß diese Spieße asiatisch wirken, ist kein Zufall, zur Küche Neuseelands haben viele asiatische Nationen wie Malaysia, Indonesien, die Philippinen, aber auch der Südseestaat Polynesien, ihre Rezepte beigesteuert. Besonders beliebt sind in Neuseeland die »BBQ-Parties«, die Barbecue-Feste im Freien, bei denen Fische, Lamm oder Wild auf Holzkohle gegrillt werden. Dazu trinkt man einen leichten Müller-Thurgau, zu den Wildspießchen schmeckt aber ein Sauvignon Blanc oder Chardonnay besser.

Heißer Kiwi-Punsch

Aus Neuseeland · Gelingt leicht

Kiwi Punch

Zutaten für 4 Gläser:
2 Kiwis
3 Limetten
4 EL brauner Rohrzucker
400 ml trockener Weißwein
8 cl weißer Rum
außerdem: Holzspieße

Zubereitungszeit: 20 Min.

Pro Glas: 910 kJ/220 kcal

1 Die Kiwis schälen und in nicht zu dünne Schnitze schneiden. 1 Limette heiß abwaschen, in Scheiben schneiden. Restliche Limetten auspressen.

2 Ein wenig Limettensaft auf einen kleinen Teller gießen. Etwas Rohrzukker auf einen anderen Teller streuen. Hitzefeste Gläser mit dem Glasrand zuerst in dem Limettensaft, dann im Rohrzucker drehen, so daß der Rand eine Zuckerkruste bekommt.

3 Die Kiwischnitze und jeweils eine Limettenscheibe auf Holzspieße stekken und in die Gläser stellen. Den restlichen Zucker auf die Gläser verteilen. Den restlichen Limettensaft darüber gießen.

4 Den Weißwein in einem Topf erhitzen, nicht kochen. Den Rum in eine Suppenkelle gießen und über einer Kerze erhitzen (er soll nicht zu brennen anfangen). Ins Glas gießen und vorsichtig den heißen Wein darüber gießen. Einmal umrühren und sofort servieren.

Afrika: Nord und Süd

Bis in die 60er Jahre waren die dunklen, schweren und alkoholreichen Rotweine aus Nordafrika sehr gefragt, vor allem in Frankreich wurden damit die leichteren Rotweine zu mehr Fülle gebracht. Doch seit der Unabhängigkeit von Frankreich schrumpften die Rebflächen, da der Wein in Frankreich nicht mehr in dem Maße wie früher abgesetzt werden konnte.

Vor allem **Algerien** hat viele Massenertragslagen aufgegeben, nur Gebiete, die früher den VDQS-Status hatten, blieben erhalten. Gute Weine kommen aus den Medea-Bergen, von den Coteaux de Mascara und Coteaux de Tlemcen. Die Weißweine Algeriens werden modern ausgebaut und entsprechen im Stil den südfranzösischen Landweinen.

In **Marokko** wird die Appellation d'Origine Garantie von der Zentralorganisation SODEVI überwacht. Die besten Rotweine stammen aus der Region um Meknès und Fès, der sanftere Chantebled und der ansprechende Tarik. Eine Spezialität sind die »Vins gris«, helle Rosé-Weine, die gut gekühlt serviert werden, zum Beispiel Gris de Boulaouane oder Gris de Guerrouane.

Die Weinbaufläche von **Tunesien** erstreckt sich von Bizerta im Norden bis zur Halbinsel Cap Bon südlich der Hauptstadt Tunis. Das größte Anbaugebiet ist Mornag, daneben gibt es die kleineren von Sidi Salem, Bizerta, Kelibia, Beja, Jendouba, Nabeul und Tebourba. Der größte Teil der Produktion wird von Genossenschaften vermarktet. Ein Teil der Rebfläche steht unter der Verwaltung staatlicher Domänen, einige private Weingüter setzen ihre Produktion fast ausschließlich im Land selbst ab. Weinherstellung und die gesetzlich geregelten Weinbezeichnungen orientieren sich am französischen Vorbild, exportiert werden vorwiegend die höheren Qualitäten (Appellation d'Origine Contrôlée, AOC, und Qualité Exceptionelle, QE). Zusätzlich kann noch die Auszeichnung »Grands Vins« vergeben werden. Château Mornag, Coteaux de Carthage, Château Thibar, Sidi Salem und Magon sind bekannte Weine, für den Export werden sie jedoch leider oft sanft und lieblich ausgebaut.

Der Weinbau in **Südafrika** ist das extreme Gegenteil von dem in Nordafrika. Nicht nur, daß hier auf der Südhalbkugel die Weinlese im Februar beginnt und im Frühjahr bereits die ersten »Primeurs« auf den Markt kommen, sondern auch der wachsende Ehrgeiz der Winzer und Erzeuger, die ständig bessere Weine liefern. Die Kellertechnik hat inzwischen internationalen Standard erreicht, die alten Weinberge werden mit edlen Rebsorten bepflanzt. Sauvignon Blanc und Cabernet Sauvignon sind im Vormarsch, wenn auch der »Steen« (Chenin Blanc) als Weißwein- und der Cinsault

Über 2000 Meter hohe Berge überragen die Weinfelder der südafrikanischen Stadt Paarl.

In Südafrika findet die Weinlese im Februar statt. Die neuen Weine kommen also schon im Frühjahr auf den Markt.

als Rotweinrebe noch am meisten verbreitet sind. Steen und Cinsault bringen frische und lebendige Weine hervor, die besser sein können als die entsprechenden südfranzösischen. Eine Spezialität ist der »Pinotage«, eine Kreuzung aus Pinot Noir und Cinsault, der füllige, vollmundige Rotweine hervorbringt.

Den Export organisiert vor allem die KWV (Kooperatieve Wijnbouwers Vereniging van Zuid-Afrika), eine halbstaatliche Genossenschaft mit riesigen Kellereien und Anlagen in Paarl. Als Gegengewicht gründeten Weinfarmen die Firma »The Bergkelder« in Stellenbosch, die eigene Weingärten unterhält, Trauben verarbeitet, die Weine in riesigen unterirdischen Kellern lagert und für Marketing und Vertrieb sorgt. Nicht zuletzt ist ihr zu verdanken, daß die Weinwirtschaft Südafrikas den beachtlichen Aufschwung nahm.

Ein staatliches System zur Kontrolle der »Wines of Origin« legte 13 Herkunftsbereiche fest und ähnelt den Bestimmungen der EU. Erfolgreichste Region ist die »Coastal Region« mit Constantia, Durbanville, Paarl, Stellenbosch, Swartland und Tulbagh, die von den kühlenden Küstenwinden bevorzugt sind. Beachtliche Weißweine, auch Rieslinge und Gewürztraminer, kommen aus Bonnievale und Robertson. Bei den »Certified Wines« müssen Gebiets-, Sorten- und Jahrgangsangaben den Vorschriften entsprechen, wobei ein Zusatz von einem Viertel anderer Rebsorten und Jahrgänge zulässig ist.

Obwohl er erst in den 60er Jahren entstand, ist der Weinbau in **Zimbabwe** heute schon auf beachtlichem Niveau. Die drei Kellereien, denen fast die gesamte Anbaufläche gehört, strengen sich an, modernstes Kellerwissen und modernste Kellertechnik einzusetzen. Angebaut werden die gleichen französischen Rebsorten wie beim Nachbarn Südafrika.

Neben Paarl ist Stellenbosch das größte Zentrum des südafrikanischen Weinanbaus.

Marinierter Curryfisch

Aus Südafrika · Würzig

Ingemaakte Kerrievis

Zutaten für 4 Portionen:
800 g festfleischiges Fischfilet
(z. B. Rotbarsch oder Seelachs)
2 EL Zitronensaft · Salz
Butter für die Form
3 mittelgroße Zwiebeln
2 EL neutrales Pflanzenöl
zum Braten
2 EL mildes Currypulver
300 ml trockener Weißwein
100 ml heller Essig
2 TL Zucker
1 Lorbeerblatt
1 Msp. Cayennepfeffer

Zubereitungszeit: 1 1/4 Std.
(+ 12 Std. Marinieren)
Pro Portion:
1500 kJ/360 kcal

1 Das Fischfilet abspülen, trockentupfen und in große Stücke zerteilen. Mit Zitronensaft beträufeln und mit Salz bestreuen. Etwa 30 Min. bei Zimmertemperatur marinieren.

2 Den Backofen auf 180° vorheizen. Eine große flache Auflaufform oder ein tiefes Backblech mit Butter ausstreichen, die Fischstücke darauf auslegen und in den heißen Ofen (Mitte; Umluft 160°) schieben. Etwa 20 Min. backen.

3 Inzwischen die Zwiebeln schälen und in Scheiben schneiden. In einer Kasserolle das Öl erhitzen und die Zwiebelscheiben unter Rühren darin bei mittlerer Hitze goldgelb braten. Das Currypulver darüber streuen und kurz anrösten, dann Weißwein, Essig, Zukker, Lorbeerblatt und Cayennepfeffer dazugeben, bei starker Hitze etwa 5 Min. kochen lassen, salzen.

4 Die Fischstücke aus dem Ofen nehmen und jeweils eine Lage Filets in eine Schüssel heben, mit etwas von dem heißen Sud übergießen. So fortfahren, bis alles aufgebraucht ist. Den Fisch abkühlen lassen, dann zugedeckt über Nacht im Kühlschrank durchziehen lassen.

Info: Ein typisch europäisches Rezept, das die asiatischen Köche in Südafrika nach ihren Würzgewohnheiten abgewandelt haben. Als Vorspeise mit Brot servieren, der Curryfisch paßt aber auch auf ein Buffet. Das fertige Gericht hält sich einige Zeit im Kühlschrank. Dazu einen trockenen südafrikanischen Weißwein, z.B. ein Sauvignon Blanc oder Chardonnay von Stellenbosch, servieren.

Kaninchen in Rotwein

Aus Nordafrika · Braucht etwas Zeit

Würziges Schmorgericht mit Kaninchen

Zutaten für 4 Portionen:
1 kg Kaninchenkeulen
2 Kardamomkapseln (nur die Kerne)
1/2 Zimtstange · 1 TL Pimentkörner
1 TL schwarze Pfefferkörner
1 TL Gewürznelken
1/2 TL Kreuzkümmelsamen
1 1/2 TL gerebelter Oregano
1 TL getrockneter Thymian
1 1/2 TL grobes Meersalz
6 Knoblauchzehen
1/4 TL Muskatnuß, frisch gerieben
1/2 TL Cayennepfeffer
3/4 l tunesischer oder algerischer Rotwein
5 EL Butterschmalz

Zubereitungszeit: 1 Std.
(+ 12 Std. Marinieren + 30 Min. Garen)

Pro Portion: 2000 kJ/480 kcal

1 Die Kaninchenkeulen kurz waschen, mit Küchenpapier trockentupfen und jedes Fleischstück zweimal tief einschneiden. Die Kardamomkerne auslösen, die Zimtstange zerbröseln, beides mit Piment, Pfeffer, Nelken, Kreuzkümmel und Kräutern mit 1 Prise Salz im Mörser zerstoßen. Die Knoblauchzehen schälen, grob hacken und mit dem restlichen Salz zerstampfen. Das Knoblauchpüree mit den zerstoßenen Gewürzen, der geriebenen Muskatnuß und dem Cayennepfeffer zu einer Paste verrühren.

2 In die Einschnitte der Kaninchenteile jeweils etwas von der Paste streichen. Die restliche Würzmischung mit dem Wein verrühren und über das Fleisch gießen. Zugedeckt über Nacht im Kühlschrank marinieren.

3 Am nächsten Tag das Fleisch aus der Marinade heben, abtropfen lassen und mit Küchenpapier trockentupfen. Den Backofen auf 220° vorheizen. In einer Pfanne das Butterschmalz erhitzen und die Keulen darin bei mittlerer Hitze rundum anbraten. In eine ofenfeste Form heben, die Marinade angießen, Form schließen. In den Backofen (Mitte; Umluft 200°) schieben und etwa 30 Min. garen, dabei das Fleisch gelegentlich wenden. Mit Fladenbrot, Baguette oder Couscous (Hartweizengries) servieren.

Wein: Ein trockener Rotwein aus Marokko, Tunesien oder ein libanesischer Château Musar vom Bekaa-Tal paßt zu diesem Gericht.

Andere Weinbauländer

Als im frühen Mittelalter überall, wo Klöster waren, auch Weinreben gepflanzt wurden, gab es auch in **England** umfangreiche Rebflächen. Durch die Heirat von Heinrich II. mit Eleonora von Aquitanien im Jahre 1152 gerieten die heimischen Gewächse ins Hintertreffen, und die Bordeaux-Weine traten ihren Weg nach England an. Erst in den letzten 25 Jahren wurden wieder Weinreben im Süden des Landes gepflanzt, so daß heute etwa 140 Kellereien in Kent, Sussex und vor allem Denbies in Surrey weit über 3 Millionen Flaschen jährlich abfüllen. Vor allem sind es aromatische Weißweine, meist aus früh reifenden deutschen Neuzüchtungen wie Müller-Thurgau, Bacchus und Huxelrebe, aber auch aus Seyval Blanc, einer Hybridrebe aus französischen und amerikanischen Reben gekreuzt, und Madeleine Angevine. Im Themsetal wird sogar Pinot Noir angebaut. Die englischen Weine sind wegen ihrer Originalität auch im Ausland gefragt.

Originelle leichte Weine, hauptsächlich aus Weißweintrauben, werden in England erzeugt.

Zwar wird fast überall in der **GUS**, der ehemaligen Sowjetunion, sowie in Georgien und Moldawien Weinbau betrieben, aber über die Grenzen hinaus bekannt ist nur die Krim, die Halbinsel in der südlichen Ukraine mit Mittelmeerklima, wo Dessertweine und Sekt erzeugt werden. In den übrigen Gebieten reicht das Spektrum von einfachen, herben Tafelweinen bis zu gehaltvollen, süßen Rotweinen.

Einst konnte sich das **ehemalige Jugoslawien** nicht nur vieler Urlauber erfreuen, sondern auch mit einem Burgunderverschnitt aus Kosovo, dem »Amselfelder«, einen breiten Markt in Europa schaffen. Aber auch die übrigen Weine fanden viele Abnehmer: Der Zilavka-Mostar aus der Herzegowina, ein trockener Weißwein aus den Rebsorten Zilavka mit Krkosja und Bene mit feinem Apfelaroma. Oder der Blatina-Mostar, ebenfalls aus der Herzegowina, ein fein-herber Rotwein aus der Rebsorte Blatina, von nachhaltigem Geschmack mit dem Aroma schwarzer Johannisbeeren. Der wuchtige Dingac, das Flaggschiff unter den Rotweinen aus der Rebsorte Plavac Mali oder der Postup, ebenfalls aus Dalmatien, dunkelrot, durchgegoren und gehaltvoll. Beliebt war auch der »Schwarze Hengst«, ein süßer Rotwein aus Makedonien, der aus der Rebsorte Vranac gekeltert wird. Daneben wurden viele ursprüngliche Weine aus Rebsorten hergestellt, die es sonst in keinem anderen Weinbaugebiet gibt und deren Verschwinden sehr zu bedauern wäre. In **Slowenien**, dem an Italien und Österreich grenzenden Staat, werden vorwiegend trockene Weißweine erzeugt, die im Westen an italienische, im Osten an ungarische erinnern.

Pause bei der Weinernte im ehemaligen Jugoslawien. Bekannteste Marke war der mit Pinot Noir verschnittene »Amselfelder«.

Das große Weinexportland **Bulgarien** setzt auf Menge und gleichförmige Qualität, vor allem der Rosentaler Kadarka, der in Europa in riesigen Mengen verkauft wird. Aber es gibt auch ordentliche, im Holzfaß gereifte Cabernet-Sauvignon-Weine, auch Merlot und Chardonnay zählen heute zu den gefragten Rebsorten. Aus Melnik, an der Grenze zu Griechenland gelegen, stammt ein tiefdunkler, gehaltvoller Rotwein, der gut zu deftigen Gerichten paßt. Die Qualitäten reichen von Landweinen über »Reserve« und »Special Reserve« mit längerer Faßlagerung zu »Controliran«, meist sortenreine Spitzenweine bestimmter Anbaugebiete, die oft überraschend gut sind.

Rumänien exportiert vor allem liebliche Weine der roten oder weißen Feteasca, der »Mädchentraube«, obwohl in den großen Gebieten Moldau und Walachei gute trockene Rot- und Weißweine bis hin zu Edelbeerenauslesen wie dem Cotnari erzeugt werden. Die Regionen des Landes sind von Klima und Bodenstruktur sehr unterschiedlich. Angebaut werden neben den klassischen Rebsorten auch einheimische wie eben die Königliche Mädchentraube, Kadarka, Weihrauchtraube, Großmuttertraube und zahlreiche andere. Im Weinbaugebiet »Muntenien« werden vor allem Cabernet Sauvignon, Pinot Noir und Merlot kultiviert, aber auch Gewürztraminer oder Muskat Ottonel. Die Qualitätsstufen reichen vom einfachen Tafelwein zum Qualitätswein mit Herkunftsbezeichnung und Qualitätsstufen in den Prädikaten Vollreiflese, Edelreiflese und Edelbeerenauslese (Ausbruch).

Der bekannteste Rotwein **Ungarns**, das »Erlauer Stierblut« (Egri Bikavér), bietet heute wenig von der Wildheit, die der Name verspricht. Die ursprüngliche

Mit bunten Etiketten warben früher jugoslawische Weine für sich.

Kadarka-Rebe wurde von der weniger feurigen Kékfrankos (Blaufränkisch) abgelöst, dazu kommt ein Anteil an Médoc Noir (Merlot). Die übrigen, meist süßen, goldfarbenen Weine des Landes schmecken zwar zum kräftig gewürzten Gulyás, entsprechen aber nicht dem fruchtig-eleganten Stil, der gerade gefragt ist. Behaupten können sich noch Sopron am Neusiedlersee mit aromatischem Blaufränkischen und Balaton, der Plattensee, an dessen Nordufer die besten Weißweine Ungarns gedeihen. Außer trockenen, frischen Olaszrizlingen und Badacsonyi, goldgelben, gehaltvollen Weinen von den Vulkanhängen im Südwesten, findet man Ruländer – hier Grauer Mönch, Szürkebarát, genannt – und die alte Sorte Blaustengler (Kéknyelü).

Beim edlen Tokajer, »Wein der Könige, König der Weine«, scheint sich eine Rückbesinnung auf die guten alten Zeiten abzuzeichnen. Es gibt sherryähnlichen »Szamorodni«, zwei- bis sechsbuttige Aszús, dem Fax, aus dem er stammt, wird der Saft von zwei bis sechs Holzbutten à 12–15 Kilogramm (puttonyos) edelfauler Trauben zugegeben, und den seltenen »Aszú Esszencia« aus Trockenbeeren bester Lagen und Jahrgänge, der einem alten Sauternes ebenbürtig ist.

Skulptur vor einem israelischen Weinkeller: Dort werden gute trockene Weine zum Probieren angeboten.

Die Weine **Tschechiens** ähneln österreichischen Weißweinen, schließlich liegt der größte Teil der tschechischen Weinberge neben dem österreichischen Weinviertel und auch die dort angebauten Rebsorten werden verwendet. Gute Sauvignons findet man in Südmähren.

Die Rebflächen der **Slowakei** reihen sich um Bratislava bis zur ungarischen Grenze, hier finden sich noch einheimische Rebsorten wie Ezerjó, Frankovka und Leányka.

Auch wenn die Flußtäler Vorderasiens als die Wiege des Weinanbaus gelten, ist die Weinerzeugung dort heute eher ein Stiefkind der Wirtschaft. Viele Funde, die in den Museen der **Türkei** ausgestellt sind, zeigen, daß in Anatolien seit Jahrtausenden die Rebkultur und der Weinbau heimisch sind. Allerdings ist der Weingenuß durch den Islam eingeschränkt, nur den sunnitischen Muslimen der Türkei ist ein eingeschränkter Alkoholgenuß gestattet. Wenn auch vorwiegend Raki, mit Anis aromatisierter Branntwein, getrunken wird, schätzen vor allem die Städter den meist trockenen türkischen Wein. Die wichtigsten Weinbaugebiete liegen an der Ägäisküste und um das Marmarameer. Schätzungsweise gibt es rund 1000 Traubensorten, doch sind nur 34 Sorten zum Anbau empfohlen oder erlaubt. Staatliche Einrichtungen stehen vielen kleinen Betrieben gegen-

Mit einer Pipette saugt ein ungarischer Kellermeister eine Probe aus einem Faß, in dem Tokajer reift.

über. Nur Doluca in Thrakien ist als privater Erzeuger mit »Villa Doluca« (als Weiß-, Rosé- und Rotwein) bekannt. Der Güzel Marmara, der rote Buzbag aus der Elazig-Region, die Kavaklidere-Weine, der rote Yakut oder Trakya Sarap aus Thrakien wirken oft ungewohnt exotisch, passen aber gut zu pikanten türkischen Gerichten. Mit teilweise praktizierten biologischen Anbaumethoden und einer temperaturkontrollierten Gärung wären türkische Weine in der Lage, auch außerhalb des Landes Ansehen zu erlangen.

In **Israel** wurde der Weinbau um 1880 von Baron Edmond de Rothschild wieder zum Leben erweckt, doch lange wurden nur süße, koschere Weine hergestellt, die nicht aufregend waren. Doch heute erzeugt man vor allem auf den Golan-Höhen aus neu eingeführten Rebsorten wie Cabernet Sauvignon, Merlot, Chardonnay und Sauvignon Blanc mit modernen Anbaumethoden und moderner Kellertechnik trockene Weine von beachtlicher Qualität. Die »Yarden«-Serie der Golan Heights Winery mit Cabernet Sauvignon, Sauvignon Blanc und Chardonnay finden internationale Anerkennung.

Auch der **Libanon** kann bemerkenswerte, hochwertige Weine produzieren. Das Château Musar beweist es mit aromatischen, langlebigen Rotweinen aus Cabernet Sauvignon und Cinsault.

Typische Häuser in der Stadt Ernea, die im Tirnave-Gebiet liegt, dem rumänischen Hauptanbaugebiet für Weißwein.

Kalbssülze

Aus England · Braucht etwas Zeit

Veal in Jelly

Zutaten für 4 Portionen:
750 g Kalbsbrust
1/2 Kalbsfuß (beim Metzger vorbestellen, längs oder quer halbieren lassen)
2 Zwiebeln · 2 Möhren
1 Petersilienwurzel mit Grün
1/2 unbehandelte Zitrone
100 g dünne Speckscheiben, ohne Schwarte
1 TL schwarze Pfefferkörner · Salz
1/4 l trockener Weißwein (z.B. Müller-Thurgau oder Bacchus)
1/4 TL gemahlene Muskatblüte (Macis), ersatzweise Muskatnuß

Zubereitungszeit: 30 Min. (+ 3 Std. Garen + 6 Std. Gelieren)

Pro Portion: 2200 kJ/520 kcal

1 Die Kalbsbrust und den Kalbsfuß kurz waschen, abtropfen lassen. Zwiebeln, Möhren und Petersilienwurzel schälen, in Scheiben schneiden. Das Petersiliengrün waschen, trockenschütteln, die Blättchen grob hacken.

2 Von der Zitrone etwa 5 cm Schale dünn abschneiden. Einen großen Topf mit den Speckscheiben auslegen, das Fleisch mit Gemüse, Petersiliengrün, Zitronenschale und Pfefferkörnern darauf legen, alles wenig salzen, den Wein dazugießen und so viel Wasser auffüllen, daß das Fleisch gerade bedeckt ist. Bei mittlerer Hitze ohne Deckel langsam aufkochen. Schaum mit einem Löffel abschöpfen, dann das Fleisch zugedeckt bei schwacher Hitze etwa 3 Std. ganz leise sieden lassen.

3 Das Fleisch aus der Brühe heben, zur Seite stellen. Die Brühe durch ein sehr feines Sieb gießen und bei starker Hitze wieder aufkochen. Offen etwa 15 Min. einkochen, dann erkalten lassen. Fettschicht abnehmen, Brühe wieder erhitzen, dann mit Salz und Muskatblüte kräftig abschmecken.

4 Inzwischen das Fleisch von den Knochen lösen und in Stücke schneiden. Beim Aufschneiden der Kalbsbrust das Fett etwas entfernen, vom Kalbsfuß auch die weiche Schwarte kleinschneiden. Fleisch und Schwartenstücke in eine Form füllen, mit der heißen Brühe übergießen, abkühlen lassen. Mindestens 6 Std. im Kühlschrank gelieren lassen. In Scheiben schneiden, zu Toast und trockenem Weißwein servieren.

Budapester Karpfen

Aus Ungarn · Gelingt leicht

Budapesti ponty

Zutaten für 4 Portionen:
1 kg Karpfen ohne Kopf, küchenfertig vorbereitet
2 EL Zitronensaft · Salz
schwarzer Pfeffer, frisch gemahlen
2 Möhren
1/4 Sellerieknolle (etwa 200 g)
1 Petersilienwurzel
1 Zwiebel · 3 EL Butter
3/4 l trockener Weißwein

Zubereitungszeit: 45 Min.

Pro Portion: 2200 kJ/520 kcal

1 Den Karpfen waschen und in etwa 4 cm dicke Scheiben schneiden. Mit Zitronensaft beträufeln, salzen und pfeffern. Möhren, Sellerie und Petersilienwurzel waschen, schälen und in feine Streifen schneiden. Die Zwiebel schälen und in sehr dünne Ringe schneiden.

2 In einem großen Topf die Butter bei mittlerer Hitze schmelzen lassen und die Gemüsestreifen und die Zwiebelscheiben darin unter Rühren etwa 5 Min. dünsten, bis sie fast gar sind. Eine Servierplatte im Ofen bei 75° (Umluft 50°) vorwärmen.

3 Die Karpfenstücke auf das Gemüse legen, etwas salzen und den Wein aufgießen. Zugedeckt bei schwacher Hitze etwa 15 Min. leise köcheln lassen.

4 Die Karpfenstücke auf die Servierplatte heben. Den Weinsud bei starker Hitze auf die Hälfte einkochen. Mit den Gemüsestreifen in eine Sauciere füllen und extra zum Fisch servieren.

Wein: Am besten paßt ein weißer ungarischer Furmint wie auch ein Olaszrizling (Welschriesling) vom Plattensee.

Tafina vom Huhn

Aus Israel · Braucht etwas Zeit

Tafina de Poule

Zutaten für 4 Portionen:
1 kg frische dicke Bohnen in der Hülse (Saubohnen), ersatzweise 350 g tiefgekühlte Bohnenkerne
500 g reife Tomaten
500 g mittelgroße Zwiebeln
1 Hähnchen (etwa 1,2 kg)
Salz
schwarzer Pfeffer, frisch gemahlen
3 EL Olivenöl
150 g Trockenpflaumen, ohne Stein
$^1/_2$ l Weißwein (z.B. Chardonnay)

Zubereitungszeit: 1 Std. (+ 5 Std. Garen)

Pro Portion: 4500 kJ/1100 kcal

1 Die Bohnenkerne auspalen, eventuell auch die harten weißen Häute entfernen. Die Tomaten überbrühen, häuten und die Stielansätze entfernen. Tomaten quer halbieren und entkernen, das Fruchtfleisch grob hacken. Die Zwiebeln schälen und vierteln.

2 Das Hähnchen waschen, trockentupfen, in 8 Stücke zerteilen, salzen und pfeffern. Den Backofen auf 180° (Umluft 170°) vorheizen.

3 In einem schweren Schmortopf das Olivenöl erhitzen. Die Hähnchenstücke darin bei mittlerer Hitze in etwa 7 Min. rundum hellbraun anbraten, herausheben. Die Zwiebelstücke hineingeben und unter Wenden braten, bis sie leicht bräunen. Die Hähnchen- und Tomatenstücke, die Bohnenkerne und die Trockenpflaumen dazugeben, den Weißwein aufgießen und einmal aufkochen.

4 Den Topf zugedeckt in den heißen Backofen (Mitte) schieben, die Hitze auf 150° (Umluft 140°) zurückschalten. Etwa $1^1/_2$ Std. garen, dabei gelegentlich nachsehen, ob etwas Wasser nachgegossen werden muß. Hitze auf 100° (Umluft 90°) zurückschalten, $2^1/_2$ Std. weitergaren. Den Ofen abschalten und den Topf noch 30 Min.–1 Std. darin lassen. Tafina warm servieren.

Info: Am Sabbath dürfen orthodoxe Juden kein elektrisches Gerät in Gang setzen, deshalb wird auch heute noch am Freitagabend ein Schmorgericht oder »Cholent« vorbereitet und zum Bäcker gebracht, der es im langsam abkühlenden Backofen gart. Am Sabbath wird das fertige Gericht abgeholt und noch warm zu Mittag gegessen.

Rebhühner rumänische Art

Für Gäste · Braucht etwas Zeit

Geflügel in gebundener Wein-Sahnesauce

Zutaten für 4 Portionen:
4 Rebhühner (je 250 g), küchenfertig vorbereitet
Salz
weißer Pfeffer, frisch gemahlen
100 g Butter
2 EL Mehl
1/4 l trockener Weißwein
1 Zwiebel
1 TL Pimentkörner
je 1/2 Bund Petersilie und Dill
250 g kleine Champignons
200 g saure Sahne

Zubereitungszeit: 1 1/2 Std.

Pro Portion: 2400 kJ/570 kcal

1 Die Rebhühner innen und außen waschen, mit Küchenpapier trockentupfen. Rebhühner mit Salz und Pfeffer würzen. In einem Schmortopf 75 g Butter erhitzen. Rebhühner darin bei mittlerer Hitze in etwa 10 Min. rundum braun anbraten, aus dem Topf nehmen. Die Hälfte des Mehls in das Bratfett rühren und nußbraun anrösten. Den Topf kurz vom Herd nehmen, 1/4 l Wasser und den Wein angießen, unter Rühren wieder aufkochen, bis die Sauce gebunden ist.

2 Die Rebhühner wieder in den Topf legen, die Zwiebel schälen und vierteln, dazugeben, alles mit Salz, Pfeffer würzen und Piment dazugeben. Zugedeckt 30–35 Min. bei ganz schwacher Hitze schmoren, zwischendurch eventuell Wasser nachgießen.

3 Inzwischen die Kräuter waschen, trockentupfen, Blättchen abzupfen und hacken. Die Champignons putzen, Stielenden kürzen. Größere Pilze halbieren. Restliche Butter bei mittlerer Hitze schmelzen, Champignons darin unter Rühren etwa 10 Min. braten, zum Geflügel geben. Die saure Sahne mit dem restlichen Mehl verrühren, in die Sauce geben und erhitzen, bis die Sauce angedickt ist. Mit Salz und Pfeffer abschmecken, dann mit den Kräutern bestreuen und servieren.

Wein: Probieren Sie dazu einen trockenen Weißwein. Interessant sind die trocken und herb ausgebaute Mädchentraube und der Welschriesling.

Kesselgulasch

Aus Ungarn · Würzig

Gulyás

Zutaten für 4 Portionen:
600 g Rindfleisch (z. B. Wade, Schulter)
300 g Zwiebeln · 3 Knoblauchzehen
30 g Schweineschmalz
2–3 EL mildes Paprikapulver
3/4 l leichte Fleischbrühe (selbstgemacht oder instant)
1/4 l kräftiger Rotwein · 1 EL Essig
1 TL Kümmel, gemahlen
1/2 TL gerebelter Majoran
1/4–1/2 TL Cayennepfeffer
250 g Kartoffeln, festkochend

Zubereitungszeit: 50 Min. (+ 1 1/2 Std. Garen).

Pro Portion: 1700 kJ/400 kcal

1 Das Fleisch in zentimetergroße Würfel schneiden, gut trockentupfen. Zwiebeln schälen und grob würfeln. Knoblauchzehen häuten, mit einer Messerklinge zerdrücken.

2 In einem Schmortopf das Schmalz bei schwacher Hitze zerlassen, das Paprikapulver darin unter Rühren anschmoren, nicht braun werden lassen, sonst wird es bitter. Das Fleisch dazugeben und unter ständigem Rühren rundum anbraten – immer darauf achten, daß die Hitze nicht zu stark wird. Zuletzt die gehackten Zwiebeln und den Knoblauch dazugeben. Etwa 10 Min. schmoren, bis die Zwiebeln weich geworden sind.

3 Dann Fleischbrühe, Wein und den Essig dazugießen, mit Kümmel und Majoran würzen, mit Cayennepfeffer scharf abschmecken. Zugedeckt etwa 1 Std. bei schwacher Hitze garen.

4 Kartoffeln rechtzeitig schälen, klein würfeln. Zum Fleisch geben, etwa 30 Min. weitergaren. Mit Salz, Pfeffer und Cayennepfeffer abschmecken.

Info: Was wir üblicherweise Gulaschsuppe nennen, heißt in Ungarn »der Gulyás« (Hirten-Fleisch), ist aber eher ein Eintopf. Jede Familie hat ihr eigenes Rezept und gibt beispielsweise noch Möhren oder Paprikaschoten dazu. Wird in typischen Kesseln zubereitet und serviert.

Gefüllte Pfannkuchen

Arabische Länder · Für Gäste

Katajef

Zutaten für 6 Portionen:
Für den Teig:
150 g Mehl · 1 TL Trockenhefe
1 Eiweiß · 2 EL Zucker
1 TL Backpulver
neutrales Pflanzenöl zum Backen
Für die Füllung: 30 g Walnußkerne
2 EL Zucker · 1 EL Rosenwasser
1 Msp. Zimt, gemahlen
Für den Sirup:
250 g Zucker · 1 TL Zitronensaft
150 ml trockener Weißwein, ersatzweise Wasser
zum Garnieren: Walnußkerne

Zubereitungszeit: 1 Std.
Pro Portion: 1400 kJ/330 kcal

1 Für den Teig das Mehl in eine Schüssel sieben, mit Hefe, Eiweiß, Zucker, Backpulver und 200 ml warmem Wasser verquirlen, an einem warmen Platz etwa 20 Min. zugedeckt gehen lassen.

2 Für die Füllung Walnüsse hacken, mit Zucker, Rosenwasser und Zimt gründlich vermischen. Dann eine beschichtete Pfanne hauchdünn mit Öl auspinseln und bei mittlerer Hitze heiß werden lassen und aus dem Teig 12 kleine Pfannkuchen nur auf einer Seite goldgelb backen.

3 Auf die fertigen Pfannkuchen sofort etwas von der Füllung verteilen. Pfannkuchen zusammenklappen und die Ränder fest zusammendrücken.

4 Für den Sirup Zucker mit Zitronensaft und Weißwein in einer Kasserolle verrühren und bei starker Hitze etwa 5 Min. einkochen. Die Pfannkuchen in dem heißen Sirup wenden, mit Walnüssen garnieren und warm servieren.

Wein: Ein weißer Dessertwein, z.B. ein Château Musar aus dem Libanon, ein Yarden Chardonnay oder Sauvignon Blanc (Late Harvest) aus Israel oder ein lieblicher Cru des Ptolemees aus Ägypten schmeckt gut dazu.

Jahrgangstabelle

Die Tabelle soll Sie dazu anregen, sich mit den verschiedenen Jahrgängen eines bestimmten Weines auseinanderzusetzen. Als Maßstab für Ihren Weineinkauf ist sie weniger geeignet, da ein guter Winzer auch in einem mittleren Jahr einen sehr guten Wein herstellen kann. Dagegen mag ein Wein eines ausgezeichneten Jahres Ihnen persönlich zu schwer und füllig erscheinen.

Region	1995	94	93	92	91	90	89	88	87	86	85
Deutschland	•	•••	•••	•••	•	•••	••	••	•	•	••
Österreich	•	••	•••	••	•	•••	••	••	•	•••	••
Schweiz	•	••	•	•	•	•••	••	••	•	••	•
F-Bordeaux	••	••	••	•	••	•••	•••	•••	••	•••	••
F-Burgund	•	••	••	••	••	•••	••	•••	••	•	•••
F-Rhône	•	••	••	••	••	•••	•••	••	•	••	••
Italien Nord	•	••	••	•	•	•••	•••	••	•	••	•••
Italien Mitte	•	••	••	•	•	•••	•	•••	•	••	•••
Italien Süd	•	•••	•••	••	••	•••	•	•••	•	•	•••
Spanien	•	•••	••	••	••	••	•••	•	••	•	•
Portugal	•	•••	••	••	••	••	•••	•	••	•	•
Australien	•	•••	••	••	•••	•••	••	••	••	•••	••
Neuseel.	•	•••	••	••	•••	•••	••	••	••	•••	••
Kalifornien*	•	•••	••	••	•••	••	••	••	•••	•••	•••
Südafrika	•	•••	••	•••	•••	••	•••	••	•••	•••	•

• = mittelmäßiges Jahr •• = gutes Jahr ••• = sehr gutes Jahr

* Für die südamerikanischen Länder Argentinien und Chile sind leider keine Angaben möglich.

Weingüter und Winzer

Hier finden Sie eine kleine Auswahl von zuverlässigen Weinerzeugern, die nicht nur hochprämierte Spitzenerzeugnisse, sondern vor allem auch preiswerte und gute Weine bieten, die zum Essen getrunken werden können. Also kein Château Margaux oder Château Lafite-Rothschild, kein Château Latour und kein Château d'Yquem, auch keine Dessert- oder Schaumweinhersteller. Die Weine sollten auch außerhalb des Erzeugungsgebietes zu finden oder bei einer Reise in dem Land einen Abstecher wert sein.

Afrika: Nord und Süd

L'Avenir (Stellenbosch, Südafrika)
Schöne, volle Cabernet-Sauvignon-Rotweine.

Bergkelder (Stellenbosch, Südafrika)
Großunternehmen, aber harmonische und kraftvolle Weine sowie Schaumweine klassischer Art.

Beyerskloof (Stellenbosch, Südafrika)
Schöne, elegante, füllige und tanninreiche Rotweine.

Kanonkop (Elsenburg, Südafrika)
Wuchtige, kräftige und reife Rotweine, die lagern sollen.

Meerlust (Faure, Südafrika)
Elegante, feine Rotweine nach französischem Vorbild.

Plaisir de Merle (Simondium, Südafrika)
Kräftige, volle Rot- und Weißweine.

Clos Thibar (Thibar, Tunesien)
Gehaltvolle, trockene Rosé-Weine.

Amerika: Kalifornien, Chile

Kalifornien

Buena Vista (Sonoma, Carneros)
Vielfältige, feste und trockene Rot- und Weißweine.

Beringer (St. Helena, Napa Valley)
Wuchtige, aromatische und tanninreiche Rotweine, eher milde Weißweine.

Chappellet (St. Helena, Napa Valley)
Aromatische, haltbare Cabernet-Sauvignon- und Merlot-Rotweine, fruchtig-trockene Weißweine.

Clos du Val (Napa, Napa Valley)
Feine, elegante Rotweine nach Bordeaux-Vorbild, fruchtbetonte Weißweine.

Dry Creek (Healdsburg, Sonoma County)
Elegante, charaktervolle Weißweine, robuste Rotweine.

G. Farrell (Forestville, Sonoma County)
Aromatische, fruchtbetonte Weine, die lagern sollten.

Gundlach/Bundschu (Vineburg, Sonoma County)
Ausdrucksvolle, aromatische Rotweine, trockene Weißweine.

Heitz Cellars (St. Helena, Napa Valley)
Elegante, würzige Cabernet-Sauvignon-Rotweine.

Robert Mondavi (Oakville, Napa Valley)
Legendäre Cabernet-Sauvignon-Rotweine wie der »Opus One« (jetzt eigene Kellerei) und interessante Weißweine.

Morgan (Salinas, Monterey)
Ausgewogene Chardonnay-Weißweine, kräftige, tanninbetonte Rotweine.

Navarro Vineyards (Philo, Mendocino)
Frische, elegante Weißweine, haltbare Rotweine.

Pine Ridge (Napa, Napa Valley)
Füllige Rotweine mit zarten Tanninen, trockene, säurebetonte Weißweine.

Raymond (St. Helena, Napa Valley)
Eigenständige, harmonische und würzige Rot- und Weißweine.

Swanson (Rutherford, Napa Valley)
Feine, duftige Rot- und Weißweine eigener Art.
Trefethen (Napa, Napa Valley)
Elegante, aromatische, weniger holzbetonte Rot- und Weißweine.

Chile

Cánepa (Cerrillos, Santiago)
Fruchtig-frische Weißweine, weiche Rotweine.
Concha y Toro (Santiago)
Größter Weinerzeuger mit vielfältigen Weinsorten.
De Martino (Maipo Valley)
Interessanter Sauvignon Blanc und Cabernet Sauvignon.
Viñedos Terranoble (Tala, Maule-Valley)
Nur Sauvignons und Merlots feinster Art.

Australien und Neuseeland

Australien

Dromana Estate (Dromana, Victoria)
Feine Chardonnay-, würzige Sauvignon-Blanc-Weißweine, fruchtige Cabernet-Merlot-Rotweine, preiswert als »Shinus«-Serie.
Hardy (Reynella, South Australia)
Elegante, tanninreiche Rot- und fruchtige Weißweine.
Henschke (Keyneton, South Australia)
Mit die besten Rotweine Australiens (Lagen Hill of Grace und Mount Edelstone mit alten Shiraz-Reben).
Tim Knappstein (Clare, South Australia)
Schöne Cabernet Sauvignons und mildere Cabernet Merlots, feiner Fumé Blanc (Sauvignon Blanc).
McWilliams (Hanwood, New South Wales)
Langlebige Sémillons und Rotweine aus Shiraz oder Cabernet und Merlot (Mount Pleasant).
Mount Langi Ghiran (Ararat, Victoria)
Kräftige, würzige Shiraz-Rotweine, die lange lagern müssen.

Penfolds (Nuriootpa, South Australia)
»Grange 1990« zum besten Wein des Jahres 1995 gewählt. Auch sonst hervorragende, eichenholzbetonte Shiraz-Rotweine alter Art zum Lagern.
Petaluma (Piccadilly, South Australia)
Fleischige, fruchtige Rotweine, sehr gute Rhine-Riesling- und Chardonnay-Weißweine.
Rosemount Estate (Denman, New South Wales)
Elegante, feine, tanninbetonte Rot- und Weißweine.
Wynns (Coonawarra, South Australia)
Mächtige, konzentrierte Rotweine zum Lagern.

Neuseeland

Cloudy Bay (Blenheim, Marlborough)
Elegante, sehr edle Sauvignon-Blanc- und Chardonnay-Weißweine.
Hunter's (Blenheim, Auckland)
Füllige, aromatische Sauvignon-Blanc-, Chardonnay- und Riesling-Weißweine.
Villa Maria (Mangere, Auckland)
Großes Spektrum von guten bis sehr guten Weiß- und Rotweinen.
Te Mata (Havelock North, Hawkes Bay)
Elegante, fruchtige und tanninbetonte Rot- und Weißweine.

Deutschland

Ahr

Adeneuer, J. J. (Ahrweiler)
Trockene Walporzheimer Spätburgunder.
Deutzerhof (Mayschoß)
Gehaltvolle, haltbare Spätburgunder.
Meyer-Näkel (Dernau)
Trockene Spätburgunder »moderner« Art.

Baden

Weingut Bercher (Burkheim)
Gerbstoffbetonte Rotweine, saftige Weißweine von Vulkanböden.

Karl Heinz Johner (Vogtsburg)
Im Barrique ausgebaute Weiß- und Rotweine.
Gräflich Wolff-Metternichsches Weingut (Durbach)
Beste langlebige Rieslinge aus der Ortenau.

Franken

Bürgerspital zum Heiligen Geist (Würzburg)
Gehaltvolle, füllige und langlebige Weißweine.
Rudolf Fürst (Bürgstadt)
Phantasievolle, trockene Weiß- und Rotweine.
Juliusspital (Würzburg)
Moderne, frische und würzige Weißweine bester Lagen.
Hans Wirsching (Iphofen)
Spitzenweine, vor allem Riesling und Silvaner.
Zehnthof (Sulzfeld/Main)
Große Rieslinge und Silvaner, eleganter Müller-Thurgau.

Hessische Bergstraße

Brücke-Ohl (Groß-Umstadt)
Erdige, frankenwein-ähnliche Weißweine.
Tobias Seitz (Bensheim-Auerbach)
Säurereiche, rassige Rieslinge, auch Sekt.

Mittelrhein

Toni Jost (Hahnenhof, Bacharach)
Duftige, fruchtige und säurebetonte Rieslinge.

Mosel, Saar, Ruwer

J. J. Christoffel Erben (Ürzig)
Finessenreiche süße und trockene Rieslinge.
Fritz Haag (Brauneberg)
Leichte, sehr feine wie auch fruchtsüße Rieslinge.
Kurt Hain (Piesport)
Trockene, spritzige und rassige Rieslinge.
Schloß Lieser (Lieser)
Stramme, saftige und fruchtige Rieslinge.
Dr. Loosen (Bernkastel)
Aromatische, frische Rieslinge von leicht bis Auslese.
Egon Müller (Wiltigen-Scharzhof)
Klassische und teuerste Saar-Rieslinge.
Joh. Jos. Prüm (Bernkastel-Kues)
Pikante, herzhafte Rieslinge (Wehlener Sonnenuhr).
Willi Schaefer (Graach)
Zarte, lebendige und feine Rieslinge von Graacher Spitzenlagen.
Selbach-Oster (Zeltingen)
Feine, finessenreiche Rieslinge von der Mittelmosel.
Dr. Heinz Wagner (Saarburg)
Herzhafte, füllige Saar-Rieslinge (Holzfaßausbau).

Nahe

Paul Anheuser (Bad Kreuznach)
Klassische, frische und solide Weine mit kerniger Säure.
Crusius (Traisen)
Frische, intensive Rieslinge mit pikanter Säure.
Schloßgut Diel (Burg Layen)
Kraftvolle, feine Rieslinge und Grauburgunder.
Hermann Dönnhoff (Oberhausen)
Herzhafte, säurereiche Rieslinge.

Rheingau

Georg Breuer (Rüdesheim)
Qualitativ und preislich überdurchschnittliche Rieslinge.
Johannishof (Johannisberg)
Körper- und extraktreiche Rieslinge mit frischer Säure.
August Kesseler (Assmannshausen)
Fruchtige, kräftige Spätburgunder und Rieslinge.
Franz Künstler (Hochheim)
Rieslinge von großer Fülle und mächtigem Extrakt.
Dr. Nägler (Rüdesheim)
Extraktreiche, rassige Rieslinge, gut lagerfähig.
Schloß Reinhartshausen (Eltville-Erbach)
Körperreiche Rieslinge und elegante Chardonnays.
Schloß Vollrads (Oestrich-Winkel)
Spritzige, elegante und leichte Riesling-Klassiker.
Geheimrat Wegeler-Deinhard (Oestrich-Winkel)
Pikant-würzige, elegante und langlebige Rieslinge.

Rheinhessen

Heinrich Braun (Nierstein)
Fruchtige, säurebetonte Rieslinge, Holzfaßausbau.
Gunderloch (Nackenheim)
Feines Spiel von Frucht, Säure und Extrakt der Weißweine.
Freiherr Heyl zu Herrnsheim (Nierstein)
Mit die besten deutschen Rieslinge.
Schales (Flörsheim)
Ordentliche, zuverlässige und solide Weißweine.

Rheinpfalz

Josef Biffar (Deidesheim)
Schöne Rieslinge (teilweise Barrique-Ausbau), herzhaft und würzig.
W. und P. Jülg (Schweigen-Rechtenbach)
Trockene, leichte und elegante Weiß- und Grauburgunder.
Johannes Kleinmann (Birkweiler)
Würzige, kernige Weißweine (Grau- und Weißburgunder) und Spätburgunder.
Lingenfelder (Großkarlbach)
Typische, durchwegs gute Nordpfälzer Weißweine und im Barrique ausgebaute Spätburgunder.
Koehler-Ruprecht (Kallstadt)
Klassische, gradlinige Rieslinge, Spätburgunder (Barrique).
Lingenfelder (Großkarlbach)
Klare, gebietstypische Weiß- und Rotweine.
Herbert Meßmer (Burrweiler)
Sehr feine Rieslinge, gute Spätburgunder.
Müller-Catoir (Neustadt-Haardt)
Lebendige, fruchtige Rieslinge, Grau- und Weißburgunder.
Karl-Heinz Wehrheim (Birkweiler)
Vorwiegend trockene, säurebetonte Weißweine und außergewöhnliche Rotweine.

Saale-Unstrut und Sachsen

Klaus Remo Deckert (Freyburg-Unstrut)
Herbe, trockene Weißweine.
Landesweingut Naumburg (Bad Kösen)
Durchgegorene, bäuerliche Weine.
Schloßgut Proschwitz (Proschnitz über Meißen)
Ansprechende, fruchtige Schoppenweine.

Württemberg

Graf Adelmann (Steinheim-Kleinbottwar)
Elegante, klassische Rieslinge, Traminer und Lemberger.

Drautz-Able (Heilbronn)
Kräftige, säurereiche Weiß- und Rotweine, herausragende Barrique-Weine.
Fürst zu Hohenlohe-Öhringen (Öhringen)
Markante trockene Rot- und Weißweine, auch Barrique-Ausbau.
Burg Hornberg (Neckarzimmern)
Knackige, elegante Weißweine und leichte Rotweine.
Graf von Neipperg (Schwaigern)
Füllige und elegante Weißweine, fruchtige Rotweine (Spätburgunder, Lemberger).

Frankreich

Bordeaux

Château Bonnet (Grèzillac, Gironde)
Weingut von André Lurton; spritzig-frische Weißweine, fruchtige, tanninreiche Rotweine.
Château Canon (Saint-Émilion)
1er Grand Cru, klassische, fruchtig-gewürzhafte Rotweine.
Château Cantenac-Brown (Margaux)
Cru-Classé-Rotweine voller Frucht und Würze.
Château Capbern-Gasqueton (Saint-Estèphe)
Volle, runde Cru-Bourgeois-Rotweine extravaganter Art.
Vieux Château Certan (Pomerol)
Traditionelle, tannin- und körperreiche Rotweine, müssen lagern.
Château Cos d'Estournel (Saint-Estèphe)
2ème Grand Cru Classé, elegante, füllige Rotweine mit robusten Tanninen.
Château La Dominique (Saint-Émilion)
Grand-Cru-Classé-Rotweine mit interessanter Fülle.
Château Haut-Sarpe (Saint-Émilion)
Grand-Cru-Classé-Rotweine mit Aroma und Biß, tanninreich.
Château Lagrange (Saint-Julien)
3ème Grand Cru Classé, reiche, vielschichtige Rotweine von langer Haltbarkeit.
Château Malartic-Lagravière (Léognan)
Cru Classé, Rotweine mit reifer Frucht und schönen Tanninen.
Château Le Roc de Cambes (Bourg-sur-Gironde)
Reiche, gehaltvolle und harmonische Rotweine.
Château de Rochemorin (Martillac, Pessac-Léognan)
Volle, tanninreiche Rotweine, feine und elegante Weißweine.
Château Sociando-Mallet (St. Seurin de Cadourne)
Langlebige, konzentrierte Rotweine des Haut-Medoc.

Burgund

Domaine Audoin (Marsannay-la-Côte)
Große, noch preiswerte Rotweine einer wenig bekannten Appellation (Marsannay).
Michel Barat (Milly)
Fruchtig-füllige Chablis, sehr gut lagerfähig.
Domaine Bardet-Grivault (Meursault)
Traditionelle, lange lagerfähige Premier-Cru-Weißweine.
Domaine Simon Bize (Savigny-lès-Beaune)
Kräftige, elegante Rotweine und klare Weißweine von angenehmer Preisklasse.
Maison Chanson Père et Fils (Beaune)
Elegante Premier-Cru-Rotweine und rassige Weißweine.
Marc Colin (Meursault)
Bemerkenswerte, preiswerte Rot- und Weißweine.
Domaine de la Conciergerie (Courgis)
Typische, volle, säurebetonte Chablis, biologischer Anbau.
J. Confuron-Cotetidot (Vosne-Romanée)
Charaktervolle, ehrliche Rotweine, in der Jugend noch verschlossen. Für preisbewußte Sammler.
Domaine Faiveley (Nuits-Saint-Georges)
Farbkräftige, in der Jugend rauhe Rotweine, die alt werden können.
Jean Foillard (Villié-Morgon)
Fruchtige, volle und runde Rotweine.
Domaine Aleth Girardin (Pommard)
Harmonische, feste Rotweine für Geduldige.
Camille Giroud (Beaune)
Sonst fast nicht mehr zu findende klassische Rotweine der Côte de Beaune.
Château des Jacques (Romanèche-Thorins)
Traditionelle, lagerfähige Moulin-à-Vent-Rotweine und sehr gute weiße Beaujolais.
Louis Jadot (Beaune)
Große, langlebige Cru-Weine.
Domaine Leflaive (Puligny-Montrachet)
Herausragende Chardonnay-Weißweine von Bourgogne Blanc bis Grand Cru.
Domaine Hubert Lignier (Morey-Saint-Denis)
Kräftige, tanninreiche Rotweine, die lange lagern sollten.

J. Moreau & Fils (Chablis)
Säurebetonte, fruchtige und charaktervolle Weine.
Domaine Denis Mortet (Gevrey-Chambertin)
Aromatische, intensive Rotweine, die lange haltbar sind.
Domaine André Pernin (Vosne-Romanée)
Zuverlässige klassische Rotweine, füllig und harmonisch.

Domaine de la Romanée-Conti (Vosne-Romanée)
Traditionelle, komplexe Rotweine der Côte d'Or.

Verget (Sologny)
Die Weißweine gehören zu den bemerkenswertesten Burgundern.

Domaine Comte Georges de Vogüé (Chambolle-Musigny)
Berühmte Grand-Cru-Rotweine, die altern sollen.

Elsaß

Dopff & Irion (Riquewihr)
Durchwegs trockne, frische und mineralische Weiß- und Rotweine.

André Ostertag (Epfig)
Rassige, frische und lebendige Weißweine.

Domaine Schlumberger (Guebwiller)
Runde, sortentypische Weißweine mit frischer Säure.

Cave Vinicole de Turckheim (Turckheim)
Zuverlässig gute Weine bis zu Grands Crus.

Domaine Weinbach (Kaysersberg)
Trockene, aromatische und fruchtige Weißweine der oberen Klasse.

Domaine Zind-Humbrecht (Turkheim)
Rassige, konzentrierte Weißweine von Spitzenlagen.

Languedoc-Roussillon

Château Les Palais (Saint-Laurent-de-la-Cabrerisse)
Corbières-Rotweine mit feinem, ursprünglichem Charakter.

Campagne des Centeilles (Siran-Minervois)
Minervois-Rotweine der klassischen Art.

Domaine Gauby (Calce)
Côtes-du-Roussillon-Rotweine, elegant und langlebig.

Château de Jau (Cases-de-Pène)
Einfache Vins de Pays, feine Côtes du Roussillon und fruchtig-delikater Muscat de Rivesaltes.

Domaine Piccimini (La Livinière)
Raffinierte, nicht leicht zugängliche Minervois-Rotweine.

Domaine La Tour Boisée (Laure-Minervois)
Volle, dichte Minervois-Rotweine und dazu preisgünstig.

Loire

Domaine Henri Bourgeois (Sancerre)
Fruchtige, klassische Sancerre-Weißweine.

Lucien Crochet (Sancerre)
Rote und weiße Sancerre-Weine, kräftig und aromatisch.

Gérard Depardieu (Tigné)
Stark tanninbetonte, altmodische Weiß- und Rosé-Weine des bekannten Schauspieler-Weingutsbesitzers.

Domaine de l'Écu (Le Landreau)
Trockene, elegante und erdige Muscadet de Sèvre et Maine.

Philippe Foreau (Vouvray)
Erdige, feine Vouvray-Weißweine.

Huet (Vouvray)
Trockene bis feinsüße, haltbare Vouvray-Weißweine.

Charles Joguet (Sazilly)
Kräftige, traditionelle und intensiv-würzige Chinon-Rotweine.

Domaine de La Lande (Bourgueil)
Klassische, charaktervolle Bourgueil-Rotweine.

Henry Marionnet (Soings en Sologne)
Sein Sauvignon Touraine sorgt immer wieder für Aufregung im internationalen Vergleich.

Château du Nozet (Pouilly-sur-Loire)
Trockene, aromatische Pouilly-Fumé-Weißweine.

Clos Rougeard (Chacé)
Kräftige, tanninreiche Saumur-Champigny-Rotweine.

Maison Sauvion (Vallet)
Lebendige, frische Muscadets de Sèvre et Maine.

Provence, Rhône und der Südwesten

Bernard Burgaud (Ampuis)
Rare, international geschätzte Côte-Rôtie-Rotweine.

Château de Calisanne (Lançon-de-Provence)
Vorwiegend Rot- und Rosé-Weine der Coteaux-d'Aix-en-Provence.

Domaine Cauhapé (Monein)
Frische, säurebetonte Jurançon-Weißweine.

Auguste Clape (Cornas)
Klassische, langlebige Côtes-du-Rhône- und Cornas-Rotweine.

Cave des Clairmonts (Tain l'Hermitage)
Anständige, preiswerte Crozes-Hermitage-Rotweine.

É. Guigal (Ampuis, Rhône)
Kräftige, würzige Côte-Rôtie-Rotweine und elegante Condrieu-Weißweine.

Domaine Clos du Mont-Olivet (Châteauneuf-du-Pape)
Intensive, würzige Châteauneuf-du-Pape-Weine.

Château Mont-Redon (Châteauneuf-du-Pape)
Kräftige, haltbare Châteauneuf-du-Pape-Weine in rot und weiß.

Domaine Les Pallières (Gigondas)
Feine, körperreiche Gigondas-Rotweine und Rosés.

Clos des Papes (Châteauneuf-du-Pape)
Gefragte, kräftige und haltbare Châteauneuf-du-Pape-Weine.

Château Revelette (Jouques)
Klassische Rot-, Rosé- und Weißweine der Coteaux-d'Aix-en-Provence.
Domaine de Saint-Gayan (Gigondas)
Traditionelle, gut ausgebaute Gigondas-, Rasteau- und Côtes-du-Rhône-Weine.
Cave de Técou (Gaillac)
Saftige, runde Gaillac-Rotweine, trockene Weißweine.
Domaine Tempier (Le Plan du Castellet)
Elegante, lange haltbare Bandol-Rotweine.
Clos Uroulat (Monein)
Klare, fruchtige und säurebetonte Jurançon-Weißweine.

Griechenland

Achaia Clauss (Athen)
Kellerei in Patras. Von Demestica bis AOC-Weine wie Nemea, Mavrodaphne und Muscat de Patras.
Boutari (Thessaloniki)
Mehrere Kellereien, alte Rebsorten und höhere Qualität.
Château Carras (Chalkidiki)
»Côtes de Meliton«. Französische und griechische Rebsorten, oft in Barriques ausgebaut.
Kourtakis (Attika)
Neben Retsina anspruchsvolle AOC-Weine (Kouros).
Parparoussis (Patras)
Vorwiegend Weißweine, modern ausgebaut.
Tsantalis (Chalkidiki)
Einfache Weine und gute Naoussa, auch mit Cabernet Sauvignon (Cava Tsantalis), im Barrique ausgebaut.

Italien

Norden: Aostatal, Piemont, Lombardei, Emilia-Romagna, Venetien, Südtirol/Trentino, Friaul

Allegrini (Fumane di Valpolicella, Venetien)
Reine, typische und außerordentliche Valpolicella-Rotweine.
E. Altare (La Morra, Piemont)
Herausragende Tafelweine und Barolos.
Produttori del Barbaresco (Barbaresco, Piemont)
Genossenschaft mit sehr guten Barbaresco-Rotweinen.
Batasiolo (La Morra, Piemont)
Aromatisch-samtige Barolo-Rotweine, lange haltbar.
Bertani (Arbizzano di Valpolicella, Venetien)
Delikate Valpolicella-Rotweine bis zum jahrzehntelang gelagerten Amarone.
Ca' del Bosco (Erbusco, Lombardei)
Außer feinen Spumante auch edle Weiß- und Rotweine aus der Franciacorta.
Braida (Rocchetta Tanaro, Piemont)
Kräftige, füllige Barbera-d'Asti-Rotweine.
Cabanon (Godiasco, Lombardei)
Vielschichtige Weine der DOC Oltrepò Pavese, teils regionale Rebsorten.

Pio Cesare (Alba, Piemont)
Elegante, gehaltvolle und langlebige Barolo-Rotweine.
Cavit (Trento, Trentino)
Genossenschaftskellerei mit preiswerten Alltags-, aber auch Spitzenweinen.
Poderi Aldo Conterno (Monforte d'Alba, Piemont)
Körperreiche, fruchtige Barolo-Rotweine.
G. Conterno (Monforte d'Alba, Piemont)
Vom normalen Barolo bis zum »Monfortino« exzellente Rotweine.
Endrizzi (San Michele, Trentino)
Klassische und französische Rebsorten, Spumante (Sekt), Rot- und Weißweine.
L. Felluga (Cormons, Friaul)
Würzige, körperreiche Rot- und Weißweine.
Dal Forno (Illasi, Venetien)
Außergewöhnliche, elegante Valpolicella-Rotweine.
Gaja (Barbaresco, Piemont)
Elegante, wuchtige Barolo- und Barbaresco-Rotweine.
Ronco del Gelso (Cormons, Friaul)
Dichte, gehaltvolle und lagerfähige Isonzo-Rot- und Weißweine.
B. Giacosa (Neive, Piemont)
Große, gehaltvolle Barolo- und Barbaresco-Rotweine.
Hofstätter (Tramin, Südtirol)
Traditionsreiche Vernatsch-, Pinot-Nero- und Traminerweine.
Vinnaioli Jermann (Farra d'Isonzo, Friaul)
Gehaltvolle, elegante Weißweine, auch regionale Rebsorten.
Masi (San Ambrogio di Valpolicella, Venetien)
Reife, volle und würzige Valpolicella-Rotweine.
J. Niedermayr (Girlan, Südtirol)
Fruchtige, edle Weine aus traditionellen Rebsorten.
Pojer & Sandri (Faedo, Trentino)
Kraftvolle, aromatische Pinot-Nero-Rotweine, fruchtige Weißweine und Spumante (Sekt).
L. Pieropan (Soave, Venetien)
Vom einfachen Soave bis zu anspruchsvollen Lagenweinen durchgängig gut.
Prà (Monteforte d'Alpone, Venetien)
Sehr gute und preiswerte Soave-Classico-Weißweine.
Vie di Romans (Mariano del Friuli, Friaul)
Körperreiche, gut alternde Isonzo-Weißweine.

L. Sandrone (Barolo, Piemont)
Elegante, noble Barolo-Rotweine, die früh trinkbar sind.
P. Scavino (Castiglione Falletto, Piemont)
Füllige, dichte und haltbare Barolo-Rotweine.
Schiopetto (Capriva del Friuli, Friaul)
Gehaltvolle, sortentypische Collio-Weißweine.
Kellereigenossenschaft Schreckbichl (Eppan, Südtirol)
Solide bis sehr feine Weine mit guter Haltbarkeit.
Kellereigenossenschaft Terlan (Terlan, Südtirol)
Fruchtige, gute und langlebige Weißweine, schöne Rotweine.
La Stoppa (Rivergaro, Emilia-Romagna)
Feine und vielschichtige Rotweine, regionale Rebsorten.
La Vis (Lavis, Trentino)
Genossenschaftskellerei mit angenehmen, runden Rot- und Weißweinen.
R. Voerzio (La Morra, Piemont)
Elegante, kräftige Barolo-Rotweine.
Baron Widmann (Kurtatsch, Südtirol)
Kräftige, aromatische Rotweine französischer Art.

Mitte: Toskana, Umbrien, Marken, Latium, Abruzzen, Molise

Castello di Ama (Gaiole in Chianti, Toskana)
Kräftige, füllig-elegante Chianti-Classico-Rotweine.
Avignonesi (Montepulciano, Toskana)
Füllige, intensive Rotweine (Vino Nobile de Montepulciano).
Castello Banfi (Montalcino, Toskana)
Mit die besten Brunello-di-Montalcino-Rotweine.
Bucci (Ostra Vetere, Marken)
Vor allem schöne, elegante Verdicchio dei Castelli di Jesi.
Fontana Candida (Frascati, Latium)
Frische, aromatische Frascati-Weißweine.
Cantina Falesco (Montefiascone, Latium)
Delikate, gehaltvolle Est!-Est!!-Est!!!-Weißweine.
San Felice (Castelnuovo Berardenga, Toskana)
Kräftige, volle und edle Chianti-Classico- und elegante Brunello-di-Montalcino-Rotweine.
Fontodi (Greve in Chianti, Toskana)
Üppige, volle Rotweine, vom Tafelwein bis zum hochfeinen Chianti Classico Riserva.
Frescobaldi (Florenz, Toskana)
Vor allem die Chianti-Rufina-Rotweine sind gehaltvoll und langlebig.
San Guido (Bolgheri, Toskana)
Legendäre, hochbezahlte Tafelweine aus Cabernet-Rebsorten.
Isole e Olena (Barberino, Toskana)
Füllige, wuchtige und langlebige Chianti-Classico- und Cabernet-Rotweine.
Lungarotti (Torgiano, Umbrien)
Gehaltvolle, runde und haltbare Torgiano-Rotweine.
Machiavelli (San Casciano, Toskana)
Volle, gut reifende Chianti-Classico-Rotweine, die noch preiswert sind.
Masciarelli (San Martino, Abruzzen)
Moderne, gehaltvolle Montepulciano d'Abruzzo.
Nozzole (Greve in Chianti, Toskana)
Sehr gute bis beste Chianti-Classico-Rotweine zu überraschenden Preisen.
Dr. Guido Padelletti (Montalcino, Toskana)
Sehr volle, runde und extraktreiche Brunello-di-Montalcino-Rotweine, die lagern müssen.
Poggerino (Radda in Chianti, Toskana)
Elegante, volle, langlebige Chianti-Classico-Rotweine.
Poliziano (Montepulciano, Toskana)
Kräftige, gehaltvolle, tanninreiche Vino-Nobile-di-Montepulciano-Rotweine.
Villa Rosa (Siena, Toskana)
Haltbare, fruchtige und volle Chianti-Classico-Rotweine.

Süden: Kampanien, Apulien, Kalabrien, Sizilien, Sardinien

Tasca d'Almerita (Regaleali, Sizilien)
Traditionelle und originelle Weine, teils französische, teils regionale Reben.
Sella & Mosca (Alghero, Sardinien)
Trotz Großproduktion gute bis sehr gute Weine.
C. Taurino (Guagnano, Apulien)
Überragende Rotweine Apuliens.
Villa Matilde (Cellole, Kampanien)
Interessante, kompakte Weine aus ursprünglichen Rebsorten.

Österreich

Bründlmayer (Langenlois, Kamptal)
Großer Weinbaubetrieb mit kräftigen, gut ausgebauten Weinen und Sekt.

E. Gesellmann (Deutschkreuz, Burgenland)
Fruchtige, tanninbetonte Rotweine (Blaufränkisch) und trockene Weißweine.

A. Gross (Ratsch, Steiermark)
Naturbelassene, trockene und fruchtige Weißweine.

F. Hirtzberger (Spitz, Wachau)
Großartige Weißweine.

Johanneshof (Tattendorf, Thermenregion)
Elegante, tanninreiche Rotweine, die sich beim Lagern gut entwickeln.

E. Knoll (Loiben, Wachau)
Fruchtige, aromatisch-würzige Weißweine (Riesling und Grüner Veltliner).

J. Leberl (Großhöflein, Burgenland)
Elegante, rassige und gehaltvolle Rotweine.

G. Malat (Furth-Palt, Wachau)
Frische und fruchtige bis höchst anspruchsvolle Rot- und Weißweine, Sekt.

Lenz Moser (Rohrendorf, Kamptal)
Trockene, feine Weißweine (Grüner Veltliner).

L. Neumayer (Inzersdorf, Kamptal)
Saubere, klare Weißweine von leicht bis lange lagerfähig.

Nikolaihof (Mautern, Wachau)
Reife, lange lagerfähige Weißweine (Riesling, Grüner Veltliner).

H. Nittnaus (Gols, Burgenland)
Kräftige, elegante Weiß- und Rotweine, teils aus regionalen Rebsorten.

R. Pfaffl (Stetten, Weinviertel)
Elegante, kraftvolle Weißweine (Grüner Veltliner), lagerfähige Rotweine.

R. Pichler (Wösendorf, Wachau)
Intensive, volle Weißweine (Grüner Veltliner, Riesling).

F. X. Pichler (Loiben, Wachau)
Fruchtig-füllige Weißweine bis zu Beerenauslese (Grüner Veltliner, Riesling).

E. u. W. Polz (Spielfeld, Steiermark)
Große, sehr haltbare Weißweine, auch aus traditionellen Sorten.

F. Prager (Weißenkirchen, Wachau)
Klare, sehr trockene Weißweine (Riesling, Grüner Veltliner) von der einfachen bis zur höchsten Stufe.

Römerhof (Großhöflein, Burgenland)
Volle, elegante Weiß- und Rotweine.

Sattlerhof (Gamlitz, Steiermark)
Trockene, fruchtbetonte Weißweine bis zu Lagenweinen.

Sonnhof (Langenlois, Kamptal)
Vom unkomplizierten Grünen Veltliner bis zu hochwertigen Auslesen.

J. Stadlmann (Traiskirchen, Thermenregion)
Rassige, kraftvolle Weißweine, gut lagerfähig.

G. Stiegelmar (Gols, Burgenland)
Fruchtige, aromatische Rot- und vor allem Weißweine.

M. Tement (Berghausen, Steiermark)
Frische, fruchtige bis füllig-opulente Weißweine.

E. Triebaumer (Rust, Burgenland)
Außer Süßweinen (Ruster Ausbruch) auch trockene Weiß- und Rotweine.

J. Umathum (Frauenkirchen, Burgenland)
Elegante, kräftige Rotweine, trockene Weißweine.

Freie Weingärtner Wachau (Dürnstein)
Kraftvolle, eigenständige Weißweine (Grüner Veltliner, Riesling).

F. Weninger (Horitschon, Burgenland)
Kraftvolle, tanninreiche Rotweine (Blaufränkisch, Zweigelt).

Portugal

Ferreira (Vila Nova da Gaia, Porto)
Angesehene Portweine und der »Barca Velha«, teuerster Rotwein Portugals.

J. M. da Fonseca Succ. (Azeitao)
Großunternehmen mit guten, traditionellen Weinen (Dão, Setúbal und Alentejo).

Quinta do Côtto (Peso da Régua)
Einfache bis beste Rotweine, die dem »Barca Velha« gleichkommen.

Quinta do Minho (Póvoa de Lanhoso)
Traditionelle bis interessante Vinho-Verde-Weißweine.

Sogrape (Vila Nova da Gaia)
Neben Massenweinen (Mateus) interessante, anspruchsvolle Weine.

Caves Valdarcos (Anadia)
Beachtliche, würzige und tanninbetonte Rotweine.

J. P. Vinhos (Pinhal Novo)
Von ordentlichen, preiswerten Marken- bis zu Spitzenweinen.

Schweiz

G. Besse (Martigny, Wallis)
Kraftvolle Dôle- und fruchtige Gamay-Rotweine.

Château d'Auvernier (Auvernier, Neuchâtel)
Spritzige Weißweine, interessante Rotweine und Œil-de-Perdrix-Rosé-Weine.

P. Dupraz (Lully, Genf)
Rassige, säurebetonte Aligoté- und Chasselas-Weißweine.

Bon Père Germanier (Vétroz, Wallis)
Interessante Weißweine aus alten Rebsorten.

D. Huber (Monteggio, Tessin)
Rotweine mit Charme und Charakter.

S. Maye (Saint-Pierre-de-Clages, Wallis)
Elegante, charaktervolle Rotweine.

T. Meier (Würenlingen, Ostschweiz)
Kleines Weingut mit feinen Blauburgunder-Rotweinen.

A. Porret et Fils (Cortaillod, Neuchâtel)
Spritzige Weißweine, gute Rotweine und Œil-de-Perdrix-Rosé-Weine.
W. Stucky (Rivera-Capidogno, Tessin)
Kräftige, tanninreiche Merlot-Rotweine, die lagern müssen.
Fratelli Valsangiacomo (Chiasso, Tessin)
Anständige, preiswerte Merlot-Rotweine, aber auch feine Lagenweine.

Spanien

Martinez Bujanda (Oyón, Rioja)
Vielschichtige, lange haltbare Riojas, lange Lagerung in jüngeren Fässern.
Cooperativa Nuestra Señora de la Cabeza (Pozoamargo, La Mancha)
Interessante, preiswerte Rotweine.

Bodegas de Crianza Castilla la Viega (Rueda)
Breites Sortiment, sehr gute Verdejo-Weißweine.
Palacio de la Vega (Dicastillo, Navarra)
Schöne Rotweine aus Cabernet Sauvignon und Tempranillo.
Casa de la Viña (Alhambra, Valdepeñas)
Großkellerei mit fruchtigen, tanninbetonten Rotweinen.
Compañia Vinicola del Norte de España (Haro, Rioja)
Ehrliche, feine und kraftvolle Rioja-Rotweine.
Famoro (Pesquera, Ribera del Duero)
Kräftige, tanninreiche Rotweine.
A. Fernández (Pesquera, Ribera del Duero)
Kräftige, elegante Rotweine, gut lagerfähig.
Lan (Fuenmayor, Rioja)
Würzig-elegante Rotweine mit dezenten Tanninen, lange lagerfähig.
J. León (Torrelavit, Penedés)
Füllige, haltbare, im Holzfaß ausgebaute Rotweine.
Magaña (Barillas, Navarra)
Sorgfältig gemachte Merlot-Rotweine, würzig und reich.
Muga (Haro, Rioja)
Charaktervolle, traditionelle Rioja-Rotweine, sehr gut und preiswert.
Faustino Martinez (Oyón, Rioja)
Weiche, volle Rotweine ohne Kanten. Ausgewogen, mit feinen Tanninen.
La Rioja Alta (Haro, Rioja)
Großes Weingut mit guten bis sehr guten Rotweinen.
Marques de Riscal (Elciego, Rioja)
Klassische, voluminöse und kraftvolle Rioja-Rotweine, lange lagerfähig.
Vega Sicilia (Valbuena, Ribera del Duero)
Große Rotweine wie der seltene und teure Vega-Sicilia »Unico«.
M. Torres (Vilafranca, Penedés)
Weinbaukonzern mit guten und sehr guten Rot- und Weißweinen.

Andere Weinbauländer

England

High Weald Winery (Lenham, Kent)
Charaktervolle Weine von verschiedenen Winzern.
Thames Valley Vineyard (Twyford, Berkshire)
Elegante, bemerkenswerte Weine und Schaumweine.
Three Choirs Vineyards (Newent, Gloucestershire)
Vielfältige, ausgewogene Weine aus verschiedenen Rebsorten.

Ungarn

Egervin (Eger)
Interessante Weißweine.
Tibor Gal (Eger)
Traditionell-moderne Rot- und Weißweine.

Bulgarien

Lovico Suhindol (Suhindol, Nord-Bulgarien)
Gilt als bestes Weingut mit beispielhafter Kellertechnik. Beachtlicher Cabernet Sauvignon »Zar Simeon«.

Rumänien

Statiunea de cercetari viti-vinicole (Blaj)
Staatliche Versuchsanstalt, die ansehnliche Weine erzeugt.

Tschechien

Vinium (Velké Pavlovice, Tschechien)
Trockene, fruchtige Weißweine und leichte, saftige Rotweine.

Türkei

Diren (Tokat)
Kräftige Rot- und Weißweine aus regionalen Rebsorten.
Villa Doluca (Thrakien)
Fruchtig-gehaltvolle Rot-, Rosé- und Weißweine.

Israel

Golan Heights Winery (Quatzrin)
Yarden Cabernet Sauvignon und Sauvignon Blanc.

Libanon

Château Musar (Ghazir)
Schwere, lange lagerfähige Rot- und Weißweine, in Eichenfässern ausgebaut.

Glossar

Aroma: Die Duftstoffe, die beim Riechen und beim Schmecken (bei letzterem ist das gleichzeitige Aufnehmen der Aromastoffe im Nasenraum fast wichtiger als der Geschmackseindruck auf der Zunge) wahrgenommen werden.

Barrique: Kleine Fässer von 225 l Inhalt aus vorwiegend französischem Eichenholz, die den darin gelagerten Weinen Gerbstoffe und ein Vanillearoma mitteilen. Vor allem für Rotweine angewandt, die darin voller, gerbstoffbetonter werden. Die Weine sollen danach längere Zeit in der Flasche reifen.

Cava: Qualitätsschaumwein aus Spanien, meist aus den drei Rebsorten Macabeo, Xarello und Parellada. Heimat ist das Penedés, die Region südwestlich von Barcelona.

Champagner: Edel-Schaumwein, meist als Mischung aus drei Rebsorten, Chardonnay, Pinot Noir und Pinot Meunier hergestellt. Nur Blanc de Blancs wird rein aus Chardonnay gekeltert. Das Angebot ist groß, neben Standardsorten (verschiedene Lagen und Jahrgänge) bieten die Häuser Jahrgangs-Champagner (aus einem bestimmten Jahr) und Prestige-Cuvées (das Beste des Hauses) an.

Dekantieren: Weine mit Depot oder Weinstein werden vorsichtig in Karaffen umgegossen, um den Satz zurückzuhalten. Das Dekantieren bringt außerdem mehr Luft an den Wein, was oft den Geschmack verbessert.

Depot: Bodensatz bei alten Rotweinen. Gerbstoffe und Farbstoffe verbinden sich zu Flocken, die auf den Boden der Flasche sinken. Weine mit Depot werden → dekantiert.

Edelfäule: Vollreife Trauben können unter günstigen Bedingungen von einem Pilz (Botrytis) befallen werden, wodurch die Schalen porös werden und das im Traubensaft enthaltene Wasser verdunsten kann. Ergebnis sind edelfaule, verschrumpelte, aber konzentrierte Trauben, die besonders wertvolle Weine ergeben.

Enoteca: Italienische Vinothek (Weinsammlung), in Weinbaugebieten von regionalen Verwaltungen und Winzerkonsortien eingerichtet. Hier werden die Weine des Gebietes ausgestellt und ausgeschenkt, sie können probiert und eingekauft werden.

Extrakt: Die Substanzen, die zurückbleiben, wenn man aus dem Wein Wasser und Alkohol entfernen würde. Sie geben den Geschmack und den „Körper", sozusagen das geschmackliche Volumen, das einen guten Wein auszeichnet.

Fehler: Weinfehler, die früher beim Ausbau entstanden und einen ganzen Gärbehälter verdarben, kommen durch moderne Technik kaum noch vor bzw. ein fehlerhafter Geschmack läßt sich vor dem Abfüllen durch eine Behandlung beseitigen. Wenn heute ein Wein fehlerhaft ist, so betrifft das meist nur eine Flasche mit → Korkgeschmack. Was manchmal vorkommt ist ein »Böckser«, ein unangenehmer Geruch nach gekochtem Kohl, Sauerkraut oder faulen Eiern. Ein solcher Wein ist fehlerhaft und kann beanstandet werden.

Firne: Bukett eines zu lange gelagerten Weins, der nach alten Brotrinden, auch nach Petroleum oder nur noch klebrig-honigartig schmeckt. Dieser früher geschätzte Geschmackston, wird heute abgelehnt.

Gerbstoff: Aus Beerenhäuten, Kernen oder Holzfässern gelöste Substanz, die zusammenziehend schmeckt. Wichtig für den Charakter eines Weines, er gibt ihm das »Rückgrat«, die Lagerfähigkeit und er konserviert den Wein.

Halbtrocken: Im Gegensatz zum trokkenen Wein schmeckt ein halbtrockener deutlich süßer und milder. Manche sehr herbe Rieslingweine können durch etwas → Restsüße gewinnen, meist soll damit aber ein »süffigerer« Geschmack erzielt werden, den manche Weintrinker bevorzugen.

Holzfaß: Besonders hochwertige Weine, vor allem Rotweine, werden nach der Gärung (meist in Edelstahltanks) noch einige Zeit in → Barriques gelagert, damit die Weine die Gerb- und Geschmacksstoffe aus dem Holz aufnehmen. Nur selten wird noch der Most im Holzfaß vergoren, weil die Gärung einen unerwünschten Verlauf nehmen kann (→ Fehler).

Hybridrebe: Kreuzungen zwischen einer europäischen Rebe (Vitis vinifera) mit einer amerikanischen Wildrebe (Vitis labrusca), die zwar resistent gegen die Reblaus sind, aber meist einen unangenehmen Beigeschmack haben. In Europa für Qualitätsweine nicht zugelassen, im Osten der USA jedoch noch verbreitet angebaut.

Korkgeschmack: Ein Weinfehler, der durch schlechte Korken entsteht. Der Korkton macht sich durch unangenehmen Geruch und einen faulig-holzigen Geschmack bemerkbar. Im Restaurant können Sie die Flasche zurückgehen lassen, beim Händler ist das schwieriger, wenn nicht gleich mehrere Flaschen einer Lieferung den Fehler aufweisen.

Körper: Die Substanz eines Weines, die durch das Zusammenwirken von Frucht, Gerbstoff und Alkohol empfunden wird.

Lage: Bezeichnet einen Weinberg, dessen Name und Umgrenzung gesetzlich erfaßt und geschützt sind. Lagen gibt es in Deutschland, Österreich, Frankreich und der Schweiz

Mostgewicht: Je höher der natürliche Zuckergehalt im Traubensaft ist, desto höher ist auch sein spezifisches Gewicht, meist in »Oechslegraden« gemessen. Da der Zucker während der Gärung in Alkohol verwandelt wird, ergibt ein zuckerreicher Most einen kräftigeren, haltbareren Wein. Reicht der Zuckergehalt nicht aus, so können bestimmte Weine vor der Gärung mit Kristallzucker »angereichert« werden.

Osteria: Traditionelle italienische Gaststätte mit Wein vom Faß und kleiner, einfacher Küche.

Probierglas: Ein speziell entwickeltes farbloses, dünnwandiges Glas für Weinproben. Es ist bauchig, verjüngt sich nach oben und hat einen mittellangen Stiel.

Prosecco: Spritziger, leichter Schaumwein aus Venetien (Italien), aus der gleichnamigen Rebsorte gekeltert, von einfach bis sehr gut.

Reblaus: Gefürchteter Schädling, der aus Amerika eingeschleppt wurde und die Rebwurzeln zerstört. Die Blätter der Reben fallen ab, die Trauben vertrocknen. Da die amerikanischen Wildreben gegen die Reblaus resistent sind, werden europäische Edelreben auf Wurzelstöcke von Wildreben gepfropft.

Reife: Die Entwicklung eines Weines in der Flasche von säurereicher Fruchtigkeit zu einem weichen, geschmeidigen Wein, bei dem die Aromastoffe und die Gerbsäure sich zu einem runden Geschmack vereinen. Zu lange gelagerter Wein baut allerdings ab, er schmeckt »firnig«, alt bis ranzig.

Restsüße: Der Gehalt an Frucht- und Traubenzucker, der im fertigen Wein enthalten ist. Wird durch die Auswahl besonders reifer Trauben oder durch den Zusatz von → Süßreserve erzielt.

Säureabbau, biologischer: Durch eine zweite Gärung wird die Weinsäure in mildere Milchsäure verwandelt. Die Weine schmecken weniger sauer, sind aber oft weniger bekömmlich.

Schwefel: Most und Jungwein werden mit schwefliger Säure behandelt, um die Gärung sauber durchführen zu können und um eine Oxidation durch Luftsauerstoff zu verhindern. Die heute verwendeten Mengen sind sehr gering, auf keinen Fall gesundheitsschädlich und verursachen auch keine Kopfschmerzen.

Spumante: Italienische Bezeichnung für Schaumwein. Von trocken bis süß (Asti Spumante aus dem Piemont).

Süßreserve: Nur wenn Trauben bei der Ernte einen so hohen Zuckergehalt haben, daß die Hefen ihn nicht vollständig in Alkohol umwandeln können, entsteht ein natürlich süßer Wein. Allen anderen halbtrockenen oder süßen Weinen wird unvergorener Traubensaft oder Mostkonzentrat zugesetzt, um sie milder zu halten, oder die Gärung wird durch Erhitzen oder den Zusatz von reinem Alkohol abgestoppt. Der übrigbleibende Zuckergehalt wird Süßreserve genannt und soll die Liebhaber lieblicher Weine ansprechen, die sich keinen teuren, natursüßen Wein leisten wollen.
Törggelen: Brauch in Südtirol, den Jungwein Ende Oktober in den Weingehöften zu probieren. Dazu gibt es einen deftigen Imbiß.

Trocken: Ein Wein, bei dem der Zuckergehalt des Traubensaftes vollständig (oder fast vollständig) in Alkohol umgewandelt ist. Trockene Weine schmecken herb und sind ideal zum Essen.

Verkostung: Eine Weinprobe, bei der verschiedene Weine in kleinen Mengen probiert und miteinander verglichen werden.

Verschnitt: Das Mischen verschiedener Traubensorten, um einen volleren, runderen Wein zu erhalten. Die großen Bordeaux-Rotweine sind immer ein Verschnitt aus Cabernet Sauvignon, die für ein reiches Bukett, lange Lebensdauer und Eleganz sorgt, aber in der Mitte des Geschmackseindrucks eine Lücke läßt. Sie läßt sich durch Merlot-Trauben, die Weichheit, Finesse und Farbe geben und Verdot-Trauben, die für Kraft zuständig sind, schließen.

Weinprobe, verdeckte: Die Flaschen werden mit Papier verhüllt oder der Inhalt in Karaffen umgefüllt, so daß die Herkunft der Weine nicht erkennbar ist. Um die Weine unterscheiden zu können, erhalten sie Nummern. So wird verhindert, daß bekannte Lagen und Namen die Beurteilung verfälschen.

Weinstein: Farblose Kristalle in gelagertem Weißwein. Kein Fehler, sondern eher ein Qualitätszeichen, daß der Wein in der Flasche noch Säure abgebaut hat und runder, reifer schmeckt. Muß nicht dekantiert werden, da die Kristalle so schwer sind, daß sie beim vorsichtigen Eingießen in der Flasche bleiben oder im Glas rasch auf den Boden sinken. Weinstein ist auch beim Mittrinken nicht schädlich.

Zucker: Die Süße des Traubensaftes stammt vom natürlichen Trauben- und Fruchtzuckergehalt. Dieser dient den Hefen als Nahrung und wird bei der Gärung in Alkohol verwandelt. Anderer Zucker darf nur vor der Gärung zugesetzt werden, um den Hefen mehr Nahrung zu geben und den Alkoholgehalt des fertigen Weines zu erhöhen. Schmeckt ein Wein süß, so wird dafür kein Haushaltszucker, sondern unvergorener Traubensaft oder konzentrierter Traubenmost zugesetzt (→ Süßreserve).

Sachregister

Rezeptregister

Die Temperaturstufen bei Gasherden
variieren von Hersteller zu Hersteller. Welche Stufe Ihres Herdes der jeweils angegebenen Temperatur entspricht, entnehmen Sie bitte der Gebrauchsanweisung.

Abkürzungen:
TL = Teelöffel
EL = Eßlöffel
mind. = mindestens
Msp. = Messerspitze
kJ = Kilojoule
kcal = Kilokalorie

Umschlagvorderseite: Das Bild zeigt Empanadas, Seite 40.
Die Bilder ohne Bildunterschrift zeigen:
Die Fotos auf S. 4/5 von links nach rechts im Uhrzeigersinn: die Weinernte in Côte du Bours, Frankreich (Bild 1), einen Biedermeierumzug beim Sektfest in Eltville, Rheingau (Bild 2), einen Helfer bei der Weinernte in Saint-Émilion (Bild 3), ein Weinfest in der Provence (Bild 4), Madeira-Weinfässer in einem Keller in Funchal (Bild 5) und einen Erntehelfer in Lazaridi, Griechenland (Bild 6). Das Foto auf S. 8/9 zeigt alte Rebstöcke auf einem Weinfeld in Tuchan, Frankreich. Das Foto auf S. 26/27 zeigt Winzer aus Cormons, Friaul, Italien. Das Bild auf S. 131 zeigt ein badisches Gasthausschild, das Foto auf S. 136 Südtiroler in Tracht beim Besuch im Weinkeller. Auf dem Rückenseitenbild ist einen griechischer Weinbauer in seinen Weinkeller auf der Insel Kreta zu sehen.

Reinhardt Hess
ist zwischen Bergstraße und Odenwald, zwischen Riesling und Spargel aufgewachsen. Während seines Geographiestudiums lernte er nicht nur die klimatischen und bodenkundlichen Grundlagen der Weinbaugebiete an Rhein, Main und Mosel kennen, sondern auch die Weine der Regionen. Die geographischen Grundlagen des hessischen Weinbaus waren dann auch ein Thema seiner Prüfung. Nach dem Diplom arbeitete er als Redakteur bei der größten deutschen Zeitschrift für Essen und Trinken, schrieb als freier Mitarbeiter für Weinzeitschriften und wechselte schließlich zu Kochbuchverlagen. Jetzt stöbert er auf seinen vielen Reisen in fremden Küchen und Kellern und schreibt als freier Autor Wein- und Kochbücher.

FoodPhotography Eising
mit Sitz in München und Maine (USA) wird von Susie und Pete A. Eising geleitet.
Sie studierten an der Fachakademie für Fotodesign in München. 1981 gründeten sie ihr eigenes Studio für Foodfotografie, das dank der gemeinsamen Passion für Eßkultur und kulinarische Ästhetik rasch internationales Renommee erwarb. Ihre Kenntnisse über fremde Küchen und Kulturen vertiefen Susie und Pete A. Eising auf zahlreichen Reisen, von denen sie immer wieder neue Eindrücke in die künstlerische Gestaltung ihrer Produktionen einbringen.

Die Aufnahmen für das vorliegende Buch stammen von Martina Görlach, die seit vielen Jahren als Fotografin zum Team gehört. Tanja Major war für das Foodstyling verantwortlich, Bettina Gousset war für die Requisite zuständig.
Die Aufnahmen entstanden auf Agfachrome 100 RS.

Olaf Hajek
wurde 1965 in Rendsburg geboren. Nach seinem Studium zum Grafik-Designer an der Fachhochschule Düsseldorf zog es ihn zunächst nach Amsterdam und dann nach Berlin. Dort arbeitet er als freischaffender Illustrator für Zeitschriften, Verlage und die Werbung.

Dankeschön
Susanne Philipp, München, für ihre Mithilfe bei Recherche, Weinbeurteilung und Manuskript.
Herzlich bedanken möchten wir uns auch bei folgenden Firmen für ihre freundliche Unterstützung bei der Bereitstellung von Requisiten: Mercantile, Planegg; Riedelglas, Kufstein; Busatti, München; La Maison Francaise, München; Die Französische Fliese, München; Faiencerie Masse, Desvres/France; Niederreuther, München.

Bildnachweis
Klaus Arras, Köln: S. 53 (unten links).
Riki Breu, Düsseldorf: S. 63 (oben), 65 unten.
Deutsche Wein-Information, Mainz: S. 16 (unten).
R. Dieth/jd, München: S. 25 (oben), 51.
Armin Faber, Düsseldorf, S. 4/5 (Bild 5, 6), 14 (oben), 23 (unten), 25 (unten), 28, 39 (oben), 50 (oben, unten), 55 (Mitte, unten), 56, 57 (oben), 58 (unten), 61 (oben), 95 (unten), 105, 110 (oben), 117 (unten), 120, 121 (oben, unten).
FoodPhotography Eising, München: S. 10 (unten), 47–49, 52, 53 (oben rechts), 54, 57 (unten), 59, 62, 66, 67 (oben, unten), 132, 133, 134, 138.
Uli Franz/jd, München: S. 19 (unten), 30 (unten), 58 (oben).
Reinhardt Hess, München: S. 19 (oben).
Volkmar Janicke/jd, München: S. 10 (oben).
Thomas Stankiewicz, München: S. 37, 44 (oben, unten), 83 (oben), 104 (unten), 117 (oben), 122.
Stockfood, München: Franck Auberson S. 18 (oben, unten), 55 (oben links); Nigel Blythe S. 15 (oben), 24, 74/75; Michael Brauner S. 63 (unten), 64, 135; Andy Christodolo S. 111 (unten); Eising S. 137; Herbert Lehmann S. 26/27, 30 (oben), 36 (oben); Martina Meuth S. 17 (oben), 21 (unten); Steven Morris S. 36 (unten); Alain Proust S. 39 (unten), 116; Mick Rock S. 8/9, 11 (unten), 15 (unten), 16 (oben), 17 (unten), 21 (oben), 22 (oben, unten), 23 (oben), 29 (oben), 31 (unten), 60, 61 (unten), 65 (unten), 77 (oben, unten), 82, 83 (unten), 89 (oben, unten), 104 oben rechts), 110 (unten), 111 (oben), 123 (oben, unten); Roy Stedall S. 31 (oben); Ted Stefanski S. 20 (oben); Wine Magazine S. 46.
Martin Thomas, Aachen: S. 4/5 (Bild 1, 3, 4), 29 (unten), 45 (oben, unten), 88, 100, 136.
Ernst Wrba: S. 4/5 (Bild 2), 11 (oben), 38, 76, 94, 95 (oben), 101 (oben, unten), 131, Rückseite.

Impressum

Redaktion: Dr. Stephanie von Werz-Kovacs
Lektorat: Petra Bachmann
Versuchsküche: Barbara Hagmann, Christine Hagmann, Traute Hatterscheid, Christa Konrad-Seiter, Marianne Obermayr
Illustrationen: Olaf Hajek
Rezeptfotos: FoodPhotography Eising
Herstellung: VerlagsService Dr. Helmut Neuberger & Karl Schaumann GmbH, Heimstetten
Gestaltung: Konstantin Kern
Kartographie: Huber
Satz (DTP): Design-Typo-Print GmbH, Ismaning
Reproduktion: Fotolito Longo, Bozen
Druck und Bindung: A. Mondadori Editore, Verona
ISBN 3-7742-2727-6

Auflage	5	4	3	2	1
Jahr	2001	00	1999	98	97